Fabricador de instrumentos de trabalho, de habitações, de culturas e sociedades, o Homem é também agente transformador da História. Mas qual será o lugar do Homem na História e o da História na vida do Homem?

O SÉCULO
DE AUGUSTO

Título original:
Le Siècle d'Auguste

© Presses Universitaires de France, 1992

Tradução: Rui Miguel Oliveira Duarte

Capa de FBA

Ilustração de capa:
pormenor da Ara Paxis
© Corbis / VMI

ISBN: 978-972-44-1419-5
ISBN da 1.ª edição: 972-44-0960-0

Depósito Legal n.º 273596/08

Impressão e acabamento:
PAPELMUNDE
para
EDIÇÕES 70
Julho de 2020

Direitos reservados para Portugal e países africanos de expressão portuguesa
por Edições 70

EDIÇÕES 70, uma chancela de Edições Almedina, S.A.
LEAP CENTER – Espaço Amoreiras
Rua D. João V, n.º 24, 1.03 – 1250-091 Lisboa / Portugal
e-mail: editoras@almedina.net

www.edicoes70.pt

Esta obra está protegida pela lei. Não pode ser reproduzida,
no todo ou em parte, qualquer que seja o modo utilizado,
incluindo fotocópia e xerocópia, sem prévia autorização do Editor.
Qualquer transgressão à lei dos Direitos de Autor será passível
de procedimento judicial.

PIERRE GRIMAL
O SÉCULO DE AUGUSTO

Nota Introdutória
à Edição Portuguesa

«No meu sexto e sétimo consulados, após haver posto fim às guerras civis e assumido o poder absoluto por consenso universal, transferi a República do meu domínio para o arbítrio do Senado e do Povo Romano. Por esse motivo e pelo meu próprio mérito foi-me atribuído, por decisão senatorial, o título de Augusto, e as ombreiras da minha casa foram publicamente recobertas de louros, uma coroa cívica foi fixada sobre a minha porta e um escudo de ouro foi colocado na Cúria Júlia, como testemunho, através da inscrição nele registada, que o Senado e o Povo Romano mo haviam dado graças à minha virtude, clemência, justiça e devoção. Depois dessa época, fiquei acima de todos em autoridade; porém, não tive mais nenhum poder além do que tinham os outros que também foram meus colegas de magistratura.»

Res gestae diui Augusti 34

Foi tudo isto que, graças a um subterfúgio legal, Júlio César Octaviano conquistou na sessão do Senado de 16 de Janeiro de 27 a.C. Era o início de uma autoridade incontestada à frente dos destinos de meio mundo conhecido de então, durante quarenta anos. Seria chamado o *princeps,* o primeiro dos cidadãos. Seria ainda muitas outras vezes revestido da dignidade consular e do poder tribunício. Designado por inerência *pontifex maximus* da religião e dos ritos. Respeitado como estadista e caução da moralidade pública. Era o verdadeiro senhor. Dizia-se que partilhara o poder com os seus colegas e que o mesmo lhe fora atribuído por delegação, mas na verdade a vontade do «primeiro» era lei. Foi honrado como divino.

Muitos outros desejaram o poder absoluto. *Dictatores* houve vários, nos tempos da República. Sula, César. E houve oposição política aos déspotas, desencadearam-se perseguições, guerras civis feriram o coração da pátria romana. E vários foram os que aspiraram a ser *reges*. Tal nunca mais poderia ser consentido, enquanto houvesse um Romano de pé. Por ter querido – dizia-se – intitular-se *rex,* um grupo de republicanos patriotas e idealistas assassinou o conquistador das Gálias, nos Idos de Março de 44. Como é possível que um Estado como o romano, um Estado, por assim dizer, laico, quer no funcionamento quer nos fundamentos, se tenha transformado, quanto aos fundamentos, num Estado teocrático? Não é apenas o poder supremo da pátria que emana da divindade. O seu detentor é, ele mesmo, uma divindade. Parece algo de inédito entre os Romanos. Ainda que Rómulo, o pai fundador da pátria, fosse filho de um deus, Marte. E que o *princeps* fosse, também ele, descendente de uma deusa. Bom, Alexandre da Macedónia, um dos heróis inspiradores de César e do seu filho adoptivo, fora proclamado pelos sacerdotes de Ámon, do Egipto, filho do deus, isto é, para um grego, filho de Zeus, o que motivou o conhecido desabafo de indignação por parte de sua mãe, Olímpia: «Este tipo é louco. Quando é que deixa de me caluniar diante de Hera? O que pensará ela de mim?» E, no entanto, Alexandre foi demasiado humano, apesar de ter adoptado os costumes persas quanto ao protocolo a respeitar diante de um rei: o ritual da prostração, normal mesmo para um filho de rei entre os Persas, mas que muito repugnou aos orgulhosos generais macedónios. Sim, pensar-se-ia no *princeps* de Roma como um Grande Rei da Pérsia ou um Faraó do Egipto. Ter direito a governar por ter sangue de deus, por ser divino. E todavia foi, por «consenso universal», reverenciado enquanto tal. Foi unânime a aclamação. Estariam Senado e o Povo Romano tomados no seu conjunto de algum enlevo báquico colectivo que lhes toldasse a razão? E ele continuava a ser homem. Mas o maior dos homens, o «primeiro», o *princeps*.

Não haja dúvidas de que o Senado que se reuniu nesse dia era um Senado constituído à imagem dos seus desejos. O coração da pátria sangrou em abundância, com as proscrições de centenas de aristocratas e a sua execução. Com isso foi purgado o Senado dos últimos resquícios de republicanismo. E o vazio foi preenchido. Doravante nele se sentariam apenas homens que fossem amigos seus, que lhe fossem fiéis ou obedientes. Conceder-lhe o poder supremo, através de um pró-forma, para não se chamar *rex,* que, de facto, era. Eis a pura e dura realidade da política, actividade demasiado humana. E o futuro *princeps* soube nisto revelar-se o primeiro. Reclamou a herança de seu pai adoptivo, César. Soube traçar objectivos claros, escolher os verdadeiros amigos e definir os inimigos. E celebrar pactos de não agressão e alianças de conveniência. Soube esperar e tomar as iniciativas que se impunham, no momento exacto. Algumas vezes, é certo, foi ajudado pela sorte. E sabe-se que esta ajuda os audazes. E que os deuses ajudam quem se ajuda. Montou na sua rectaguarda uma excelente máquina de propaganda. Octávio, filho de César e adoptado como Júlio César Octaviano, adorado pela arraia miúda como um deus, era o seu herdeiro, tinha de ser forçosamente um deus. Não diziam os mitos que Eneias, príncipe troiano, aportara às costas do Lavínio e se estabelecera no Lácio? Não fora Iúlo, filho de Eneias, o antepassado da *gens Iulia?* Não descendia também Rómulo, filho de um deus, de Iúlo? E não fora o próprio Eneias filho de uma deusa, Vénus, amada pelos Romanos? E os augúrios e um cometa do céu não haviam dado o sinal? Não era convicção generalizada entre as forças vivas da sociedade e da cultura de então que uma nova era estaria para chegar, uma nova Idade de Ouro, uma era de paz e prosperidade sem igual para o Universo? O poeta Virgílio foi uma dessas almas místicas. Os deuses queriam-no. E Roma e o Império aclamaram-no.

Le siècle d'Auguste é mais um dos títulos saídos da pena do eminente classicista francês Pierre Grimal à disposição do público leitor de língua portuguesa. É um livro que se lê de um jacto, como um romance. Obra de divulgação, é abundante de informação mas sem cair no excesso de erudição. Faz uma síntese notável do que foi essa época ímpar da história da Humanidade e da civilização europeia em particular. A impressão que nos fica de Augusto é de admiração. Político de génio, grande e meticuloso estratego e, sobretudo, homem de acção. Ambicioso. Desejava o poder. Mas não para dele se servir como o príncipe de Maquiavel. Fica-nos a ideia de que acreditava sinceramente ter sido designado para uma missão civilizadora especial e que era de raça divina. Mas que tinha a profunda consciência de que o seu direito ao poder não advinha somente deste facto, mas também dos seus méritos pessoais. E estes, quis e soube provar que os tinha. O monarca verdadeiramente esclarecido não era um déspota, como o ditador Sula. Era um homem justo, clemente, piedoso e devoto dos valores, costumes e religião dos maiores. Era generoso. E homem sério. Culto, amante das artes e da poesia. Restituiu a paz à República e aos seus habitantes. Soube reconhecer as aspirações de cada um e dar-lhes a possibilidade de as satisfazer. Aos antigos aristocratas, a dignidade perdida e as honras das magistraturas, na ilusão de exercerem cargos de verdadeiro poder. À pequena aristocracia e à burguesia, cargos na administração e a oportunidade de enriquecer. Nos dias de hoje, segundo se diz, desapareceram os estadistas de craveira, os homens providenciais, para darem lugar aos homens comuns. Quando os vemos aparecer, entrar em acção e tomar nas suas mãos a missão do poder, não sentimos um certo impulso para

NOTA INTRODUTÓRIA À EDIÇÃO PORTUGUESA

confiar neles? Naturalmente que não são deuses, apenas personalidades elevadas. Terá sido precisamente isso que sentiu a generalidade do Senado e do Povo Romano: que podia confiar nele. Podemos imaginar o que foi a consternação geral por todo o Império aquando da sua morte. Porventura uma imensa saudade e a amarga sensação de que a perfeição dos regimes políticos e sociais muito deve às virtudes dos governantes, e de que, afinal, há mesmo seres humanos de excepção. Sentimento similar não voltaria a ser experimentado tão depressa. O Império, sob os príncipes júlio-cláudios sucessores a Augusto, entraria numa espécie de período de decadência.

Finda a leitura da obra de Grimal, fica a sugestão para o leitor interessado: completá-la com a do próprio testemunho de Augusto (encontra-se traduzido na íntegra pela Prof. Doutora Maria Helena da Rocha Pereira, *Romana. Antologia da cultura romana,* Instituto de Estudos Clássicos da Faculdade de Letras da Universidade de Coimbra).

Procurámos, na nossa tradução, ser o mais fiel possível ao espírito e à linguagem simples e directa do original. E acrescentámos notas de tradutor, devidamente assinaladas como tais e renumeradas a cada capítulo com algarismos romanos minúsculos. Estas notas, de fundo cultural, pretendem tão-só prestar algum esclarecimento adicional que se entenda útil para o público leitor que, ainda que não especializado em história e cultura clássica, com ela procura contactar, seja por necessidade de estudo, seja porque simplesmente tem interesse pessoal por estas matérias. A ortografia dos nomes próprios gregos e latinos foi revista pelo *Índice de Nomes Próprios Gregos e Latinos,* da Prof. Doutora Maria Helena de Teves Costa Ureña Prieto (co-autores João Maria de Teves Costa Ureña Prieto e Abel do Nascimento Pena), editado de parceria pela Fundação C. Gulbenkian e J.N.I.C.T., obra baseada no *Vocabulário Ortográfico da Língua Portugesa* do Prof. Doutor Francisco Rebelo Gonçalves.

Gostaríamos, por fim, de prestar o nosso agradecimento ao Doutor Sebastião Tavares de Pinho, do Instituto de Estudos Clássicos da Faculdade de Letras da Universidade de Coimbra, pela que fez deste trabalho e pelas úteis sugestões com que o enriqueceu e ajudou a aperfeiçoar.

Amadora, Abril de 1997

A FAMÍLIA DE AUGUSTO

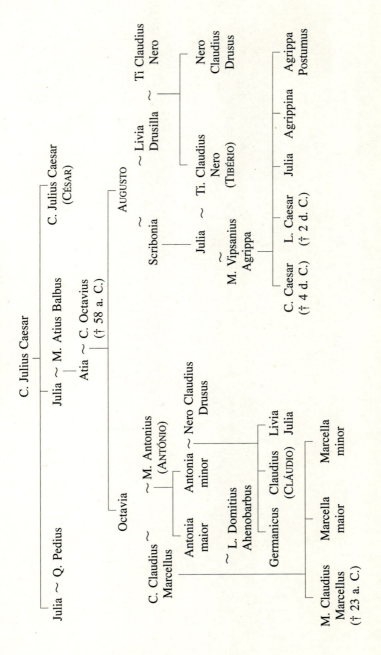

Introdução

É muitas vezes cómodo designar um «século» de história com o nome de um único homem. Porém, é necessário então que esse *século* tenha durado, sem convulsão visível, o tempo suficiente para permitir, pelo menos, o desenrolar de uma geração humana – e porventura será esta a razão pela qual os *grandes séculos,* aqueles que dão a impressão que a humanidade alcançou, em cada etapa, se não uma das cumeadas, pelo menos mais um patamar da sua caminhada, continuam a ser tão raros. É necessário, mais ainda, para que se possa simbolizar todo um período pelo nome de um único homem, que este o tenha dominado de diversas formas. Além disso, será muito pouco importante que ele tenha intervindo nos acontecimentos políticos e militares do seu tempo ou pelo menos tal não será suficiente, se também não marcou, com o seu próprio cunho, a fisionomia espiritual de uma época que, por essa via, se tornou verdadeiramente a sua. A história que relata bem pode ser curiosa em acontecimentos, mas aquela que se esforça por compreender o passado e lhe solicita informações para o presente procura captar uma ideia viva, no segredo daquilo que foi criação sua.

Se Péricles não tivesse *desejado* o Pártenon, se se houvesse limitado a consolidar a Confederação ateniense e a aceitar a Guerra do Peloponeso, se Luís XIV não houvesse chamado para junto de si Le Nôtre, Molière e Racine, ninguém pensaria atribuir o nome de «século de Péricles» àqueles trinta ou quarenta anos que conheceram o apogeu de Atenas, nem de «século de Luís XIV» ao tempo que, de 1660 a 1715, constitui a época clássica francesa. Não sucede de modo diferente em relação ao «século de Augusto», cujos termos se estendem da morte de César, a 15 de Março de 44 a.C., à do próprio Augusto, ocorrida perto de Nola, na Campânia, a 19 de Agosto de 14 d.C. Se os historiadores assim designam este sessenténio, é porque não podem furtar-se à impressão, injusta talvez, mais provavelmente com razão, de que ele apresenta uma unidade profunda, desejada e imposta de forma consciente pelo homem que, ao chegar ao poder, encontrava Roma no caos e que, depois de morrer, deixou um Estado organizado, pacificado, munido de um ideal e de uma razão de ser que os contemporâneos de César haviam em vão procurado. Não há um grande século sem esta fé unificadora, cuja origem só pode ser encontrada numa vontade criadora, a única capaz de congregar e organizar tudo quanto, sem ela, permanecia disperso.

A obra de Augusto tornou-se possível graças ao longo espaço de tempo durante o qual se exerceu a sua acção. Quando morreu, Augusto havia atingido o septuagésimo sétimo ano de vida. Nasceu a 24 de Setembro do ano de 63 a.C., sob o consulado de Cícero. Pertencia a uma família burguesa, dos cavaleiros originários de Velitras, no Lácio, e seu avô era um banqueiro rico. Seu pai, Gaio Octávio, desposara uma sobrinha de César, Ácia, e este casamento foi decisivo na ascensão da família. Mas Gaio Octávio morreu jovem, em 58 a.C., na altura em que, depois de ter sido governador da Macedónia, podia aspirar ao consulado. O futuro Augusto, que se chamava então Gaio Octávio Turino (o cognome Turino recordava uma campanha bem sucedida de seu pai contra escravos sublevados na região de Túrio, na Itália Meridional), passou algum tempo sob a tutela de Lúcio Márcio Filipe, o segundo marido de sua mãe, mas César não demorou a tomá-lo a seu lado e, em 45, adoptou-o. Gaio Octávio recebeu, a partir de então, o nome oficial de Gaio Júlio

César Octaviano. Este nome e esta adopção designaram-no para receber, após os Idos de Março de 44, a herança do ditador. No entanto, não é neste momento que terá verdadeiramente início o «século de Augusto». Decorrerão ainda cerca de dezassete anos antes de o jovem César, ocupado com a conquista do poder, estar em condições para fazer reconhecer o sentido e o alcance da sua missão e, porventura, de tomar consciência dela. Até mesmo a vitória de Áccio, a 2 de Setembro de 31, que lhe assegurou o domínio de facto sobre o mundo romano que um triplo triunfo, a 13, 14 e 15 de Agosto do ano de 29, haveria de consagrar, era insuficiente para determinar o início deste «século». Este só entrou realmente na história a 16 de Janeiro de 27, no dia em que, graças a uma inspiração de génio, L. Munácio Planco propôs ao Senado que outorgasse ao novo senhor o nome de *Augustus*.

A escolha deste nome, destinado a uma tão grande fortuna, foi, antes de mais, um estratagema da sessão parlamentar. Três dias antes, Octávio anunciara com solenidade que, estando a paz finalmente restaurada, entregava o poder à livre disposição do Povo e do Senado romanos. Mas o Senado não podia aceitar esta oferta, e o próprio Octávio, ao fazê-lo, não agia de boa-fé. Tivesse-se ele repentinamente, por algum milagre, despojado da ambição apaixonada que o animara até então, que o seu apagamento, não obstante, não teria passado de uma irrealizável quimera. Havia adquirido demasiada influência em Roma para que lhe fosse possível voltar a ser um simples cidadão. Não era ele o verdadeiro e novo fundador do Império? Os seus serviços e as suas vitórias haviam-no elevado acima dos outros homens, sem medida comum com eles, como se fosse de uma natureza diferente. E era precisamente esta posição excepcional que se tratava de expressar através de um título, un nome novo. Por um momento, os Senadores pensaram outorgar-lhe o de Rómulo. Mas os seus amigos viram o perigo. Rómulo havia efectivamente fundado a cidade, mas tinha sido rei e tinha, por fim, perecido assassinado pelos Senadores. Apesar do seu prestígio, o nome era de mau augúrio e ao mesmo tempo tornava-se impossível pretender que a República fosse restaurada e conceder, ainda que indirectamente, honras reais ao homem a quem se devia tal restauração. Foi então que Munácio Planco propôs o nome *Augustus*. O termo não era novo na língua; aplicava-se de ordinário a lugares ou a objectos consagrados, designados pelos áugures. Havia na memória um verso de Énio que cantava: «depois de a ilustre Roma haver sido fundada sob augustos augúrios...». O epíteto de *Augustus* aplicado a Octávio afirmava a missão divina do Fundador, o carácter «feliz» e fecundo de toda a iniciativa dele emanada. A ele e a ele apenas pertencia o privilégio de «começar» todas as coisas sob felizes auspícios. A fórmula – «transaccional», diríamos nós – do velho parlamentar que era Munácio Planco ligava-se assim a antigas crenças, a uma espécie de instinto enraizado na consciência religiosa romana. Sem nada prefigurar quanto à forma da governação, ela tinha o mérito de isolar na própria ideia de Rei o que os Romanos sempre nela haviam deplorado, e que as magistraturas republicanas tinham, bem ou mal, tentado conservar: o carácter insubstituível e por assim dizer mágico da pessoa real. Oficialmente, nesta sessão de 16 de Janeiro de 27, era, deste modo, proclamado o início de uma «era nova», a conclusão de um novo pacto com os deuses da Cidade e como que a renovação da Fundação.

A nosso ver, os poderes de Augusto pareciam resumir-se com muito frequência a um sistema constitucional cujo engenho maquiavélico tem por fim concentrar a autoridade real nas mãos do príncipe, mantendo a aparência da liberdade republicana. Reconhece-se consensualmente, por vezes, que, para levar a cabo esta habilidade, Augusto recorreu a uma douta «propaganda», que reuniu à sua volta historiadores e poetas e os encarregou de conquistar os espíritos, ou pelo menos de os cegar a respeito das suas verdadeiras intenções. Augusto não teria sido então mais do que um político genial, movido essencialmente pela ambição e utilizando para os seus propósitos egoístas um aparelho religioso. Semelhante explicação pode, em rigor, ser legítima relativamente à obra política e militar do seu reinado. Não dá qualquer conta do magnífico florescimento intelectual, artístico e literário que então viu a luz do dia. Ela corre mesmo o risco de lançar o descrédito sobre este: o termo «propaganda» parece-se demasiado com um estigma para que se não hesite em qualificar como «propaganda augustana» obras que, ao longo de gerações, constituíram uma fonte constante de inspiração. Mas, se preferirmos separar totalmente a pessoa de Augusto do florescimento literário e artístico do seu tempo, não é menor o inconveniente; temos então que nos resignar, contrariamente à evidência, a não distinguir neste século qualquer unidade profunda, a não ver, nestes sucessos evidentemente convergentes, mais do que a justaposição de felizes acasos. O problema mantém-se intacto: como pôde Augusto, que era apenas, no início, o líder de uma facção vitoriosa, ver-se bruscamente no centro de uma época clássica? Tal explicação não é adequada a menos que o novo senhor de Roma não tenha produzido conscientemente mas encarnado em seu redor forças espirituais latentes, e que, graças ao seu próprio sucesso político, lhes tenha concedido ocasião e possibilidade de atingir a sua clara consciência. Augusto não acrescenta ao seu sistema político as crenças religiosas; não desvirtua para seu proveito, mediante um qualquer abuso de confiança, as formas artísticas e literárias do seu século, não as «coloca ao seu serviço» para as fazer vestir o uniforme de criados, harmoniza-se com elas, ou com aquilo que delas intui, que ele mesmo adorna como um ideal que é menos o seu do que o de toda a Roma, mas que, todavia, sem ele Roma talvez nunca tivesse sido capaz de exprimir. Em nenhum outro tempo se revelou de forma tão clara a interdependência entre os diversos planos da história. A conquista romana chegou então a um ponto em que já não podia subsistir unicamente pela força das armas; o Império esteve a ponto de se desmembrar nas suas duas metades heterogéneas, o Ocidente e o Oriente; a aristocracia, dividida contra si mesma, mais não oferecia do que o espectáculo de egoísmos defrontados em ruinosos conflitos. Para salvar o mundo, não bastará um recurso à violência. Não há coacção que edifique alguma coisa de durável, e é o prisioneiro quem tem sempre razão contra o carcereiro. Augusto soube propor, a este mundo em deriva, menos um sistema novo do que uma justificação nova para tudo quanto, no sistema antigo, se mantinha viável. No tempo, é verdade, a sua conquista do poder precedeu a construção do Império. Mas não é menos verdade que o Século de Augusto apenas teve o seu início no dia em que o esquecimento começou a cair sobre os episódios sangrentos, em que o pensamento romano reencontrou, graças à obra nascente, a fé em si mesmo, depois do longo desespero das guerras civis.

Capítulo I

Os Anos Preliminares
e a Conquista dos Espíritos

Os conjurados que, a 15 de Março de 44, assassinaram César estavam imbuídos de um único desejo: eliminar o «tirano» que, havia cinco anos, impedia o livre funcionamento das instituições republicanas. Eles não imaginavam que estas instituições estavam condenadas por meio século de anarquia e pelo renovar quase incessante das guerras civis. Na sua maneira de ver, era suficiente entregar o poder nas mãos dos cônsules regularmente eleitos para que tudo reentrasse na ordem e se retomasse a tradicional luta dos ambiciosos e das facções em redor dos magistrados e dos governos provinciais. Não fora isso que, no passado, havia assegurado a grandeza de Roma e a sua supremacia entre todas as outras nações? O Império era o assunto de Roma, e Roma a propriedade de algumas famílias, ávidas a repartir entre si os lugares e os proveitos.

Contudo, o génio de César soubera, durante estes cinco anos, lançar as fundações de uma nova ordem. O ditador não era um aventureiro isolado. Deixava na sua rectaguarda um partido, amigos provados, e já o esboço de um ideal. Dos dois cônsules em exercício, pelo menos um, António, era o seu mais fiel lugar-tenente; o outro, o jovem Dolabela, estava pronto a vender-se a quem mais oferecesse. Desde o princípio que a restauração republicana se encontrava comprometida. António, no entanto, não se apresentou logo como paladino do desaparecido. Aquando da primeira sessão do Senado, a 17 de Março, ele opôs-se, sem dúvida, a uma proposta que pretendia conceder aos assassinos honras excepcionais, mas também não requereu a sua condenação e contentou-se com fazer validar, em bloco, todos os actos de César e mesmo os seus projectos, que não tinham ainda força de lei. Desta forma, o passado imediato não era abolido. Cinco anos de intensa actividade legislativa não o podiam ser, e o «cesarismo» sobrevivia aos Idos de Março. O Senado, composto em grande parte de homens que o próprio César havia designado, aquiesceu ao desejo de António.

Porém, a realidade do poder não pertencia nem ao Senado, nem sequer ao cônsul. Se António era, de facto, senhor da situação, não o devia ao seu cargo oficial mas à sua posição de principal lugar-tenente de César. Tinha Lépido como aliado político, comandante da cavalaria do ditador defunto, e a plebe romana estava inclinada a ouvi-lo. Os veteranos de César, providos pelo seu antigo chefe de terras nas cidades italianas, e que constituíam uma força latente, pronta a seguir as palavras de ordem cesaristas, voltavam a sua atenção para ele. Ao longo das semanas que se seguiram à morte de César, António esforçou-se por manter a paz e dar tempo às paixões para se acalmarem. Não cabe a ele a responsabilidade pelos tumultos que acompanharam o funeral do ditador, quando a turba cremou o cadáver em pleno Fórum e os homicidas, sentindo-se ameaçados, se trancaram nas suas casas e procuraram refúgio nas aldeolas do Lácio. Mas as cóleras populares são de pouca dura, e ter-se-ia chegado, progressivamente, a um compromisso se Octávio não tivesse, de repente, entrado em cena.

A notícia do assassinato de César encontrara o jovem em Apolónia, no Epiro, onde havia sido encarregado pelo seu pai adoptivo de preparar a expedição projectada contra os Partos.

Ele não tinha então mais de dezoito anos, e prosseguia ao mesmo tempo a sua formação militar e a cultura literária, na companhia de retores e filósofos gregos, entre os quais o estóico Atenodoro, e de personagens que hão-de ficar ligados ao seu destino, nomeadamente Vipsânio Agripa. Logo que ficou conhecedor dos acontecimentos de Roma, apressou-se a regressar à Itália. O testamento de César designava-o como herdeiro. Iria ele reclamar esta perigosa herança? Apesar dos conselhos dos seus, a tal se resolveu e, depois de se ter demorado por algum tempo na Itália Meridional, entrou em Roma no mês de Maio. Foi num dia em que o sol estava velado por um halo, o que se tinha por presságio de realeza.

Quem de início pôde acreditar que Octávio se limitaria a reivindicar a parte das riquezas de César que lhe pertencia, depressa se desenganou. A agitação religiosa em torno do ditador assassinado, que António se esforçava por conter, foi subitamente avivada por uma manifestação espectacular. Aquando da celebração dos Jogos de Ceres, no fim de Maio ou início de Junho, Octávio tentou exibir solenemente o assento dourado que o Senado havia outrora votado a César e o diadema que este recusou algum tempo antes: era já um primeiro passo em direcção à apoteose do defunto. Na altura, esta manifestação não teve seguimento; o *veto* de um tribuno impediu-o, mas ela foi bastante significativa. Octávio pretendia explorar o culto nascente do deus César, de quem ele era, daí em diante, filho. Teve a ocasião para tal nos últimos dias de Julho, quando ele próprio celebrou – passando à oposição a António – os Jogos da Vitória de César, instituídos dois anos antes pelo ditador em honra da sua «padroeira», *Venus Genitrix,* antepassada mística e protectora da sua família, a *gens Iulia.* E aconteceu que, por volta da décima primeira hora (entre as 8 e as 9 da noite), durante a celebração dos jogos, apareceu um cometa no céu. Ninguém duvidou de que este prodígio fosse de origem divina e de que provava a divindade do morto.

O SÉCULO DE AUGUSTO

Os historiadores têm-se interrogado, desde a Antiguidade, em que medida Octávio era sincero quando certificava desta forma o carácter divino do seu pai adoptivo e ainda em que medida, ao dar apoio à crença popular, mais não fazia do que usar para os seus próprios fins a superstição da turba. É bastante provável que o cometa de Julho de 44 – o *Sidus Iulium* – não lhe tenha trazido a revelação da sua missão divina. Augusto não é o fundador de uma religião. Mas sabemos que ele não era alheio a crenças estranhas. Acreditava nos presságios extraídos dos sonhos, chegando até a ter, sem sonho, um diálogo com Júpiter. Na sequência de uma visão nocturna, obrigar-se-á mais tarde, quando era já, havia muito, senhor de Roma, a mendigar todos os anos num determinado dia, estendendo a mão aos transeuntes que lhe davam moedas. Acima de tudo, tinha medo dos trovões, e em viagem trazia sempre sobre si uma pele de foca, que se pensava proteger dos raios; além disso, para maior segurança, havia erigido no Capitólio um templo a Júpiter Tonante. Numerosas são as anedotas relativas às suas superstições, e temos várias provas da sua piedade e do seu respeito pelos deuses. Fiel à tradição nacional, esforçar-se-á por fazer coincidir as decisões e os acontecimentos importantes com os aniversários felizes e, como tal, de bom augúrio. Não nos surpreendamos, pois, que tenha podido extrair, da aparição de um cometa em pleno céu de Roma, no momento em que se celebrava a Vitória de César, uma confiança maravilhosa na divindade do seu pai e no seu próprio destino. Não ensinavam os Estóicos (cujas lições ele ouviu, proferidas por Atenodoro) que as almas ditosas alcançavam o empíreo, entre os astros, que eram, eles próprios, seres divinos? Não era nada inverosímil, pois, que o cometa miraculoso fosse verdadeiramente a alma de César na sua ascensão ao céu.

Mais ainda, Octávio havia, no ano anterior, acompanhado César durante a Guerra de Espanha. Tinha vivido na intimidade do ditador, que também tinha fé na sua estrela e apenas havia empreendido a guerra civil depois de um prodígio manifesto, sucedido na margem do Rubicão. Os desígnios ambiciosos de Octávio, a sua circunspecção, a lendária frieza dos seus cálculos não foram, muito provavelmente, os únicos móbeis a fazê-lo decidir por reivindicar na totalidade a herança do seu pai e por se proclamar «filho do deus César».

Em segredo, os mais arrebatados entre os cesaristas começavam a duvidar de António. Este sentiu-o. Aproximou-se oficialmente de Octávio, numa reconciliação ostensiva, e conseguiu o afastamento dos principais conjurados dos Idos de Março, Bruto e Cássio, que partiram, num exílio dissimulado, para governar as distantes províncias de Creta e Cirene. Em seguida, como as semanas passassem e ele visse chegar em breve o termo do seu próprio consulado, quis assegurar para si um comando militar que lhe proporcionasse o meio de manter a sua autoridade. Decidiu obter o governo da Gália Cisalpina (a Itália Setentrional), que era então exercido por Décimo Bruto, um dos assassinos de César. Para o fazer, seria necessário expulsar Bruto. Porém, enquanto António reunia, com este propósito, legiões no Sul de Itália, Octávio recrutou ele mesmo tropas entre os veteranos de seu pai e marchou sobre Roma, onde entrou, a 10 de Novembro. Era um acto inconsiderado e, simultaneamente, um erro. Talvez aguardasse uma sublevação geral dos cesaristas. Mas os seus próprios soldados recusaram-se a combater contra os de António, e ele teve que fugir para o Norte. A sua situação parecia desesperada. Refugiou-se em Arécio (hoje Arezzo), na Etrúria. Escolhera esta cidade porque um dos seus camaradas, Mecenas, dela era originário e descendia, por parte da mãe, dos Cílnios, que nela haviam outrora reinado. Da mesma forma, dezanove anos antes, precisamente o ano em que Octávio havia nascido, Catilina congregara os seus bandos armados na região de Fésulas, antes do assalto final e da derrota. Mas Catilina não era «filho de um deus». Os soldados de António, por seu turno, desertaram. Duas das suas legiões pronunciaram-se por Octávio, e o cônsul teve que se resignar, em vez de esmagar o seu rival, a marchar em direcção à Gália Cisalpina, e rapidamente montava o cerco diante de Módena, onde se havia refugiado Décimo Bruto.

Foi então que Cícero, o velho consular, saiu do seu silêncio para defender Octávio. Obteve do Senado, no início de Janeiro, o reconhecimento da «legalidade» dos exércitos de Octávio e Décimo Bruto, mas os amigos de António conseguiram impedir que este fosse declarado inimigo público, sendo-lhe enviada uma embaixada para o obrigar a depor as armas e submeter-se à autoridade do Estado. António respondeu que aceitava renunciar à Gália Cisalpina, mas na condição de receber, por cinco anos, a Gália cabeluda(¹) (isto é, a Gália Transalpina, à excepção da antiga província da Narbonense). Isto pareceu inaceitável aos Senadores, que encarregaram os cônsules Hírcio e Pansa de «tomar as medidas necessárias à segurança da República». Na mesma altura, Roma era informada de que os dois principais instigadores da conspiração contra César, Marco Júnio Bruto e Gaio Cássio Longino, em vez de se dirigirem calmamente às suas inofensivas províncias de Creta e Cirene, se haviam apoderado de todos os recursos, humanos e monetários, dos territórios orientais. No Senado, os republicanos exultaram. O cesarismo iria ser definitivamente esmagado. Já se conduziam as operações militares contra António. Em duas batalhas, a 14 e 21 de Abril de 43, as tropas do Senado obtiveram vantagem, e o procônsul rebelde teve que abandonar o cerco de Módena e retirar em direcção à Narbonense, onde contava com o auxílio do seu velho aliado Lépido. Todavia, dos três generais que a República tinha enviado contra António, os dois cônsules, Hírcio e

---

(¹) Em latim *Comata Gallia:* ver Plínio-o-Antigo, *História natural* 4105. Assim designavam os Romanos os Gauleses, em virtude do costume céltico de usar cabeleira longa (*N. do T*).

Pansa, sucumbiram. Octávio ficava como único representante, em solo italiano, da nova «legalidade».

Apesar do seu sucesso e do apoio ostensivo de Cícero, Octávio encontrava-se numa situação mais precária do que antes. Em Roma, Cícero gabava-se abertamente de se ter servido dele como de um mero instrumento, que se joga fora ao ter deixado de ser útil. Qual seria o seu lugar, numa república renascente? Cícero já procurava conseguir para si o consulado e pensava que havia acabado com a aventura cesarista. Por outro lado, os antigos lugares-tenentes de César reagrupavam-se perante o perigo. Desde o fim de Maio que António se tinha reunido a Lépido e que os respectivos exércitos confraternizavam perto de Fréjus. Algumas semanas mais tarde, por seu turno, o governador da Hispânia Ulterior[ii], Asínio Polião, reconciliava António com Munácio Planco, o governador da Gália cabeluda. Isolado, Décimo Bruto, um dos vencedores de Módena, tentava alcançar as costas da Ilíria e a Macedónia, através dos Alpes. Haveria de falecer nesta aventura. As províncias ocidentais constituíam um bloco sólido em mãos cesaristas, precisamente as daqueles

----

[ii] A entrada romana na Península Ibérica deu-se aquando da Segunda Guerra Púnica (terminada em 201 a.C.). A costa mediterrânica da Península, até então sob influência cartaginesa, deixava assim as portas abertas à penetração, em direcção a norte, das legiões. Roma converteu este imenso território em sua possessão, dividindo-o em duas províncias administrativas: a da *Hispania Ulterior,* literalmente «a Hispânia do lado de lá (relativamente à cidade de Roma)», que compreendia uma área correspondente aos actuais territórios de Portugal, até ao Douro, e das regiões espanholas da Andaluzia e de parte de Castela-Leão e Extremadura; e a da *Hispania Citerior,* «a Hispânia do lado de cá», que compreendia o actual Norte de Portugal, acima do Douro e ainda todo o restante território espanhol. Augusto procedeu a uma reforma administrativa das províncias: atribuiu à *Citerior* a designação de *Tarraconensis* (Tarraconense)*,* com capital em *Tarraco* (actual Tarragona) e dividiu a *Ulterior* em *Bætica* (Bética), com capital em *Corduba* (Córdova), e *Lusitania,* com capital em *Emerita* (Mérida) (*N. do T.*).

homens que Octávio parecia ter em definitivo afastado de si pela sua campanha contra António, ao serviço do Senado.

Uma segunda vez, Octávio tomou a iniciativa e logrou obter para si um espaço entre os dois partidos. À cabeça das suas tropas, decidiu marchar sobre Roma e reivindicar o consulado. Legalmente, não tinha qualquer direito a ele. Era demasiado jovem para aceder à suprema magistratura. Mas as três legiões que o Senado tentou opor-lhe passaram para o seu lado, sem combate. O povo de Roma, tão fiel quanto os soldados à memória do deus César, conduziu unanimemente o seu herdeiro ao consulado, dando-lhe como colega um tal Quinto Pédio, homem sem ambição, que não podia fazer sombra nem oferecer obstáculos à sua acção. Neste dia de 19 de Agosto de 43, contra todas as expectativas, uma vez mais, a situação inverteu-se a favor de Octávio: entre os governadores rebeldes ocidentais e os assassinos de César, que tinha, alguns meses atrás, solenemente jurado vingar, havia assegurado para si, através do golpe de Estado, uma posição mais forte do que a de qualquer deles, pois afinal era na sua pessoa que parecia, uma vez mais, ter-se encarnado a legalidade.

O primeiro acto do novo cônsul foi levar à condenação, por um tribunal regular, os assassinos de seu pai, graças a uma lei, a *lex Pedia,* proposta pelo outro cônsul; em seguida, partiu para o Norte, para um encontro com António. E perto de Bolonha foi concluído, entre António, Lépido e ele mesmo, o Segundo Triunvirato. Diferentemente daquele que outrora unira em segredo César, Pompeio e Crasso, este novo triunvirato constituía uma magistratura oficial, ainda que de carácter excepcional. Os três associados atribuíam a si mesmos a missão de restaurar o Estado e de assegurar para este uma constituição viável.

As intrigas dos meses precedentes haviam deixado excessivo ressentimento entre os triúnviros, e tinham provado com demasiada clareza o perigo que constituía a oposição republicana para que estes não procurassem tornar o seu ressurgimento impossível no futuro. E seguiram-se as proscrições. Cento e trinta senadores foram inscritos nas listas fatais para serem executados sem julgamento. Um grande número de cavaleiros[iii] teve idêntica sorte. Nem todos pereceram, mas os que escaparam devem ter desaparecido, e em breve já não restava em Roma qualquer membro importante da facção republicana. O próprio Cícero foi morto quando, demasiado tarde, tentava fugir.

No 1.º de Janeiro de 42, a divindade de César, há já muito reconhecida pelo povo, foi oficialmente proclamada. Foi decidido que seria construído um templo no Fórum romano, no local da pira em que havia sido cremado o cadáver do ditador. Chegara o momento de vingar César. Era, de novo, a guerra civil, de novo o conflito entre os republicanos, apoiados nas províncias orientais e nos cesaristas, senhores da Itália e de todo o Ocidente. A 23 de Outubro travou-se a batalha em Filipos, na Macedónia. Tacticamente, os Republicanos tiveram a vantagem, mas Cássio,

---

[iii] Os *equites,* durante a Realeza e nos primeiros tempos da República, com base no sistema social atribuído ao rei Sérvio Túlio, que dividiu os cidadãos em cinco classes conforme a sua riqueza (e não a sua origem), constituíam a classe social mais elevada: aquela cujos rendimentos lhe permitiam prestar serviço militar a cavalo. A partir do século II a.C., os cavaleiros, originários da plebe ou da província, constituem-se como ordem aristocrática, o *ordo equester,* próspera e culta: capitalistas, cambistas, comerciantes, cobradores de impostos, construtores civis. A antiga nobreza de sangue tradicional, terra-tenente e fechada sobre si mesma, o *ordo senatorius*, teve que consentir que aqueles ganhassem privilégios e honras políticas. Mas não sem os olharem com um certo desdém, enquanto *homines noui* que eram, isto é, cidadãos cujos antepassados não tinham história de cargos políticos. Na época imperial, a clivagem entre as duas ordens acentua-se: enquanto o *ordo senatorius* manteve os antigos cargos republicanos, meramente honoríficos e esvaziados de poder, o *ordo equester* desenvolveu-se e conquistou a preponderância, enquanto classe capitalista e detentora da maioria das novas magistraturas do funcionalismo público imperial. Ver sobre esta questão p. 123 (*N. do T.*).

na sequência de um erro, julgou que tudo estivesse perdido e suicidou-se. Três semanas mais tarde, Bruto decidiu-se a uma nova prova de força e, desta vez, foi um desastre. Quase todos quantos a aristocracia romana contava como grandes personagens tombaram neste dia. Era o fim da *virtus* republicana: «Virtude, tu não passas de uma palavra», teria dito Bruto, ao suicidar-se. E o seu ressentimento não se dirigia tanto contra António, que havia sido seu amigo e de quem ele tinha esperado, apesar de tudo, a salvação da República, quanto contra Octávio, o vingador impiedoso, animado do espírito de César.

A verdade é que Octávio não havia, de modo algum, brilhado na acção. Murmurava-se que, no decurso do primeiro dia, ele tinha ficado a dever a sua salvação apenas a um feliz acaso, mas, por mais que a glória militar tivesse pertencido a António, os proveitos seriam de Octávio. O terceiro triúnviro, Lépido, havia ficado em Itália; doravante, não se daria grande importância a quem não estivera presente na hora decisiva. António partiu para o Oriente e Octávio foi encarregado de governar a Itália.

*
* *

Dos dois triúnviros que ficaram, António era aquele que conservava o maior prestígio. Era a ele que cabia a realização do grande sonho de César, a condução de uma expedição contra os Partos e a conquista definitiva da Alta Ásia. Esta guerra impunha-se, antes de mais, por um dever de respeito pelos mortos. Ela devia vingar o desastre outrora sofrido em Carras por Crasso. Mas devia também renovar a grande aventura que, desde há séculos, assediava as imaginações romanas, essa marcha triunfal que tinha levado Alexandre até às portas da Índia. Qualquer profunda penetração na Ásia evocava, além disso, a epopeia de Dioniso, ao conquistar a Índia, e não é para espantar que António, à sua chegada às províncias orientais, se tenha proclamado o «Novo Dioniso». Ele recebera em Tarso a rainha Cleópatra, que foi convocada à sua presença como uma princesa vassala e se apresentou em toda a sua pompa de rainha e divindade. Esquecendo-se da sua mulher, Fúlvia, que ficara em Itália, António seguiu Cleópatra para Alexandria e passou junto dela o Inverno de 41 a 40.

Entretanto, no Ocidente, Octávio dedicava-se a tarefas necessárias mas ingratas. Competia-lhe recompensar os soldados das vinte e oito legiões que haviam combatido em Filipos e atribuir-lhes terras em Itália. Dezoito cidades italianas viram o seu território dividido entre os veteranos. De toda a parte se elevaram as queixas. Delegações de camponeses desapossados afluíram a Roma, e Octávio teve que lhes prometer indemnizações e medidas particulares de clemência, que não tiveram outro efeito além de indispor toda a gente. Dos dramas que então se desenrolaram temos um eco nos versos de um poeta que foi a «revelação» dos anos posteriores à batalha de Filipos. O «Cisalpino» Virgílio, depois de tentativas poéticas das quais nenhuma nos foi conservada de forma segura e que, no princípio do ano de 42, antes da batalha de Filipos, havia cantado a apoteose de César sob a graciosa alegoria do herói siciliano Dáfnis, imaginou pôr em cena, em peças campestres inspiradas no idílio siciliano e alexandrino e sob a figura de pastores, os seus compatriotas, os proprietários desapossados. Talvez ele mesmo tivesse sido vítima das confiscações. Havia talvez perdido a propriedade familiar de Mântua. Pelo menos os seus biógrafos antigos assim o afirmam, com tantas contradições, porém, que o testemunho deles é suspeito e talvez se trate apenas de um romance biográfico com base nos poemas. Seja como for, Virgílio apresentou a imagem imorredoira destes aldeãos obrigados a deixar as suas terras, levando à sua frente os rebanhos de ovelhas e cabras à aventura e constrangidos, além disso, a abandonar a um velho soldado as colheitas maduras e as vinhas enxertadas com amor.

No entanto, nem tudo é igualmente sombrio neste quadro das *Bucólicas*. Se a nona revela desalento, a primeira, pelo contrário, convida os Italianos a colocarem a sua confiança em Octávio: Títiro foi a Roma, apresentou a sua súplica ao jovem herói, e este respondeu-lhe à maneira de um deus oracular: «Continuem, meus filhos, como antes, a apascentar os vossos bois e a reproduzir os vossos touros». Títiro regressou tranquilo e, em retribuição, devotou um culto ao seu salvador. Doze vezes em cada ano, na festa dos Lares familiares, oferecerá um sacrifício à divindade de Octávio. Esta primeira *Bucólica* marca, para nós, o aparecimento de um culto dedicado a Octávio. Não era a primeira vez que se via a arraia miúda honrar um «salvador» entre os deuses do lar, e não havia nisso nada que pudesse chocar a consciência religiosa dos contemporâneos: cada homem possui em si um elemento divino, o seu *Genius,* imanente ao seu ser e à sua própria vida. É a este *Genius* que se dirigem preces e oferendas; os sacrifícios têm por fim comunicar-lhe uma vitalidade e uma eficiência acrescidas. A prática estava bastante generalizada entre a arraia miúda, os libertos e mesmo entre os escravos, todos aqueles que viviam na dependência material e espiritual de um *patronus,* ou seja, ao mesmo tempo de um senhor e de um protector. Octávio tinha-se tornado o *patronus* de Títiro, tal como tem a ambição de se tornar o de todos os camponeses italianos.

Mas é bastante provável que a primeira *Bucólica,* pelo menos tal como nós a conhecemos, não date dos primeiros meses de 41 nem do tempo das primeiras confiscações. Octávio, por essa altura, não é o salvador, mas o algoz dos proprietários terrícolas, e o descontentamento ressoa. Lúcio António, o irmão do triúnviro, exerce então o consulado e é secretamente hostil a Octávio. Sexto Pompeio, o filho do vencido de Farsália, é senhor do mar e veda o abastecimento da península. As cidades da Itália central, da Etrúria, da Úmbria e da Sabina, cuja aristocracia e burguesia foram duramente atingidas pelas proscrições e confiscações, receiam a revolução social que os triúnviros estão a realizar às suas custas. Asínio Polião, à cabeça de sete legiões, ocupa a Cisalpina à ordem de António. L. António, achando que é chegado o momento de agir e de se livrar de Octávio, subleva os habitantes das províncias e entrincheira-se em Perúsia. Se as legiões da Cisalpina se juntarem a ele, será o fim de Octávio. Mas este, mais uma vez, consegue sair desta situação crítica. Auxiliado pelo génio militar de Agripa, frustra o plano do cônsul e conduz vigoroso o cerco a Perúsia, que toma e pilha no início do ano 40, sem que Polião tenha podido (ou, em boa verdade, querido) socorrer a cidade. Octávio era de novo senhor da Itália.

Ele devia este sucesso, indubitavelmente, ao seu engenho de diplomata, ao seu espírito de decisão, mas talvez também à repugnância, cada vez mais evidente, que as tropas manifestavam em reacender a guerra civil. Os veteranos, bem providos, não têm já outra aspiração a não ser a paz. Quando, no fim do Verão de 40, António, advertido da situação, quis penetrar na Itália à cabeça de um exército, os habitantes de Brindes (Brindisi) interditaram--lhe a entrada do porto e o acesso à cidade. E, sem dúvida, menos o faziam por ligação a Octávio do que por cansaço da guerra. A Itália esperava um salvador.

Foi nestas condições que se abriram, em Brindes, negociações entre Mecenas e Polião, o primeiro representando Octávio o segundo António. E, a 5 e 6 de Outubro de 40, foi concluída uma paz entre as duas forças. Com a morte da primeira mulher de António, Fúlvia (ela havia insistido muito com o cunhado, L. António, para pegar em armas e perseguia Octávio com o seu ódio), António desposou Octávia, a irmã de Octávio. Este devia permitir a António o recrutamento de legiões no solo italiano, e os dois partilhariam o mundo. António teria a mão livre no Oriente, Octávio no Ocidente. Um rio da Albânia, o Drina, formava a fronteira de separação entre as respectivas zonas de influência. Quanto a Lépido, este obtinha a África.

Em Itália, o pacto de Brindes apareceu como o início de uma era de paz. Virgílio compõe então a mais célebre e, até aos nossos dias, mais misteriosa das suas *Éclogas,* que ele dedica ao cônsul Polião, cuja entrada no cargo havia sido protelada até à conclusão da paz. O poema canta um menino que vai nascer, ou que acaba de nascer (as palavras do poeta são propositadamente ambíguas) e que será testemunha da felicidade reencontrada. Pouco a pouco, vai mostrando o universo a percorrer, em sentido inverso, o caminho que o conduziu da primitiva felicidade às desgraças actuais. Os crimes da Idade de Ferro desaparecerão. A única guerra a manter-se será apenas uma longínqua expedição, uma nova «Guerra de Tróia», onde os heróis se ilustrarão. É impossível que Virgílio não tenha, também ele, imaginado a miragem de Alexandre: não tinha sido o primeiro acto do conquistador macedónio saudar o túmulo de Aquiles? Esta nova expedição à Ásia seria a guerra contra os Partos, com a qual sonhou toda a geração contemporânea. Depois, quando este menino crescer, será a Idade de Ouro. Os mares já não serão percorridos pelos comerciantes gananciosos, os sulcos por si mesmo se abrirão às colheitas. O poeta dá trinta anos para que chegue este século abençoado – a idade necessária ao menino para aceder às magistraturas supremas. Porém, desde agora, a felicidade ressurge sobre a terra e é o fim dos anos sombrios.

A identidade do menino continua incerta. Alguns historiadores pensam que se tratava de um filho de Polião, morto de tenra idade. Outros acham que apenas podia ser um filho de António, não podendo o nascimento esperado adquirir todo o seu significado se não simbolizasse a indissolúvel união dos dois senhores do mundo: não tinham as duas «metades» do cesarismo, enfim reconciliadas, encarnado em António e Octávio, cuja união daria enfim ao mundo o salvador esperado? Octávia, com efeito, terá, no ano seguinte, uma criança de António, mas, em vez do filho esperado, será Antónia a primogénita, futura avó de Nero. Seja como for, a identidade do menino cantado por Virgílio pouco importa, visto que ele será a testemunha e não o autor dos acontecimentos maravilhosos que vão transformar o mundo(^{1}). Virgílio limitava-se, nesta *IV.ª Écloga,* a dar expressão eterna às aspirações e às crenças difusas que existiam à sua volta. Já em 43 haviam sido cunhadas moedas com o anúncio da Idade de Ouro. Astrólogos e filósofos concordavam em prever um rejuvenescimento próximo para o mundo. Carcopino insistiu justamente no carácter geral destas aspirações no fim da República. Afirmações de origem pitagórica entravam aí em contacto com crenças próprias da arte augural etrusca. Pensava-se comummente que a vida do universo estava submetida a um ritmo periódico, inscrito no interior de um «Grande Ano», que se definia pelo retorno dos astros à sua posição inicial. E o Grande Ano dividia-se em meses, de extensão variável segundo as tradições. A opinião mais comum assimilava estes «meses» siderais e os *saecula* dos adivinhos etruscos, isto é, o período de tempo suficientemente extenso para conter a vida humana de maior extensão – num máximo geralmente estimado em cento e dez anos. O fim de um *saeculum* era assinalado por um prodígio, que se dava quando morria o último ser humano vindo ao mundo desde o começo do «século», e quando os deuses davam o acontecimento a conhecer aos iniciados, mediante algum fenómeno extraordinário. Ora, sucedia que, em Roma, o fim de cada um destes «séculos» e o começo do seguinte eram celebrados por jogos solenes, chamados *Jogos seculares.* Os últimos haviam-se realizado em 149 a.C. Tinham sido seguidos, três anos depois, pela vitória definitiva de Roma sobre Cartago, a pacificação da Hispânia e o fim da Liga Acaica, bem como da Grécia livre. E, durante uma vintena de anos, Roma havia conhecido uma paz interna que nada viera perturbar. Todas estas recordações explicam por que tinham os contemporâneos de Virgílio esperado com impaciência o fim deste «século», cujo início havia sido tão

---

(^{1}) O problema foi tratado, em particular, por J. Carcopino, *Virgile et le mystère de IVᵉ Eglogue,* ed. revista, Paris, 1943. M. Carcopino conclui em favor do jovem Polião Salonino, segundo filho do legado de António.

bom e cujo desfecho estava marcado por tantos horrores. Eles acreditavam sinceramente na virtude regeneradora do rito que se preparavam para celebrar. E eis que, no termo do centésimo nono ano, sobreveio a paz tão desejada, a reconciliação dos dois homens cuja discórdia havia trazido tantos sofrimentos para a humanidade inteira.

Infelizmente, a paz de Brindes não chegou para resolver, como que por milagre, as dificuldades com que se debatia o mundo. O filho de Pompeio, Sexto, em «dissidência» desde a vitória de César, era senhor do mar e continuava a manter a Itália à fome, de sorte que, no mês de Novembro, a plebe romana se mostrou ameaçadora. Por um momento, no decurso do ano seguinte, Octávio teve a esperança de ligar Pompeio a si, associando-o ao triunvirato, mas era um aliado pouco seguro, demasiado orgulhoso da sua independência, e, em breve, Octávio teve que retomar a luta pela liberdade dos mares. A questão foi mal conduzida e redundou num desastre para Octávio. António foi chamado em seu auxílio. Este dirigiu-se a Tarento, na Primavera de 37, onde tiveram assento negociações difíceis. Mecenas estava presente. Tinha vindo, em marcha pausada, de Roma, na companhia de muitos amigos, nomeadamente Virgílio e Horácio. O relato da viagem foi posto em verso por este último, numa sátira que nos foi conservada. Por ela nos apercebemos do que podia ser a vida no círculo de Octávio. A descrição de Horácio deixa a impressão, sem dúvida propositada, de uma grande simplicidade. Contentavam-se com alojamentos modestos e cozinha vulgar; riam-se a bandeiras despregadas dos gracejos um tanto esperados de um qualquer bobo de aldeia. Nada que lembre que se trata da comitiva de um grande senhor e soberano do mundo. Mas, sobretudo, a intenção evidente do poeta é insistir na grande amizade que une todos estes bons companheiros. Como poderiam pessoas más cultivar sentimentos tão verdadeiros e nobres? Já adivinhamos o que será uma das grandes preocupações de Augusto: evitar a todo o custo o fausto e o luxo privado, permanecer fiel ao velho ideal romano de simplicidade e de economia. O relato da «viagem a Brindes» (de facto, antes de irem para Tarento, os «diplomatas» e a sua escolta tinham-se demorado em Brindes) é assim, para nós, um precioso testemunho: a primeira ocorrência de um tema dominante na propaganda do regime. Esta afectação de simplicidade é tanto mais digna de nota quanto ela contrasta de modo evidente com o aparato quase régio de que se rodeava António na Ásia.

Aquando das negociações em Tarento, foi decidido que o triunvirato seria prorrogado até 33, ou seja, por cinco anos completos, e António cedia ao seu colega cento e vinte navios. De seguida, António volta ao Oriente para terminar os preparativos da sua expedição contra os Partos, que o chamamento de Octávio tinha interrompido. Este decidiu acabar de uma vez por todas com Sexto Pompeio. Agripa preparou com rigor as tripulações e mandou expressamente abrir um porto no Lago Lucrino, na costa napolitana, ao abrigo das incursões inimigas. Depois, em meados de Julho de 36, as forças de Octávio invadiram a Sicília, o principal ponto de apoio de Pompeio. A 3 de Setembro, Agripa alcança uma vitória decisiva em Náuloca. Sexto Pompeio refugia-se no Oriente e não tarda a morrer. Octávio havia garantido para si o domínio dos mares. Os cereais da Sicília e de África recomeçaram a afluir à capital. Lépido, que tinha, por um momento, tentado opor-se à acção de Octávio, foi despojado do seu poder triunviral e posto em residência vigiada em Circeios, nos limites do Lácio. Mas Octávio, respeitador do direito religioso, não lhe retirou o seu título de Grande Pontífice, que era conferido a título vitalício.

Lentamente, a balança das forças, que, no tempo da paz de Brindes, parecia pender a favor de António, reequilibrava-se em benefício de Octávio. Nunca as vitórias orientais haviam sido suficientes para garantir uma popularidade durável a nenhum comandante romano. No passado, Sula, Luculo e Pompeio tinham visto a sua autoridade decrescer à medida em que o seu afastamento se prolongava. Não sucedeu de forma diferente com António. Mesmo depois de ter sido suspenso o normal jogo das magistraturas, num momento em que já não existia qualquer vida política livre, continuava a ser em Itália e em Roma que residia a fonte de toda a autoridade. A opinião popular, tanto a da plebe urbana como a da burguesia dos municípios, continuava a ser um factor importante. António havia sido imprudente ao ceder à miragem de aventuras longínquas. Ia pagar cara a aquisição desta parte da herança cesarista, que, até ao termo do seu reinado, Augusto recusou.

A expedição contra os Partos, empreendida na Primavera de 36, redundou num desaire. António tinha pensado em penetrar no Império Parto passando a norte pelo território dos Medos. Conduzira as suas tropas através da Arménia, mas esta sublevou-se e as suas linhas de comunicação foram ameaçadas. Houve necessidade de bater em retirada. A tão ansiada marcha triunfal terminava em derrota. Foi debalde que, no ano seguinte, António se desforrou dos Arménios e reduziu o seu país a uma província, pois estava já fora de questão a invasão do Império Parto. Débil consolação saber que António mantinha cordiais relações com o rei dos Medos, ao ponto de o filho que tivera de Cleópatra, Alexandre Hélio, ficar noivo da filha daquele. Sem dúvida que as fronteiras orientais do Império estavam, deste modo, garantidas, mas os sucessos diplomáticos não possuem o brilho das vitórias e tornou-se fácil para uma propaganda malévola insinuar que António se abandonava às delícias do Oriente, se comportava como um rei e se esquecia de que era romano.

Ora, precisamente por esta altura, Octávio obtinha, nas fronteiras italianas, a glória militar que escapava a António. Pacificou várias tribos serranas ao norte dos territórios ilírios, garantindo a segurança das costas dálmatas. O sucesso era limitado, mas fora obtido às próprias portas de Itália, o que o tornava mais palpável.

Desde o tempo das proscrições, Octávio havia percebido que, graças às confiscações e às partilhas de terra, lhe era

OS ANOS PRELIMINARES E A CONQUISTA DOS ESPÍRITOS

possível criar, na própria Itália, uma nova burguesia em que sustentasse, de forma durável, a sua popularidade. Para assentar uma verdadeira autoridade, não bastavam as aclamações inconstantes da plebe urbana devota aos Manes de César. Os reveses sofridos na luta contra Sexto Pompeio e os seus piratas, as dificuldades de abastecimento que enfrentaram, a subida dos preços e a escassez de provisões tinham, repetidas vezes, provocado sedições e mostrado o perigo que era contar exclusivamente com a plebe de Roma. Era necessário, a qualquer custo, alargar as base do novo regime e como os sobreviventes das grandes famílias romanas hostilizavam constantemente Octávio, foi para a burguesia das pequenas cidades italianas que este se virou.

A guerra de Perúsia constituíra um sério aviso e provara que as cidades provinciais não estavam todas na posse do triúnviro, mas este esperava que a promessa feita a Títiro (sobretudo se ela tivesse sequência) acabaria por esfumar a recordação das desgraças passadas. Por cima da ruína das oligarquias municipais, clientes tradicionais dos grandes senhores romanos, erguia-se uma classe média cujos patrimónios eram sem dúvida mais modestos, cujos recursos eram mais limitados, mas que continuava também mais solidamente enraizada a esta terra que constituía o seu único meio de subsistência. Foi esta classe que os veteranos de Filipos vieram engrossar e, mais tarde, quando Octávio teve que recompensar outros soldados, sensatamente se absteve de proceder a novas proscrições na Itália, indo procurar nas restantes províncias meios com que os satisfazer. É igualmente o momento em que Mecenas encoraja Virgílio a compor uma epopeia rústica para cantar não somente a nobreza dos trabalhos agrícolas e a vida no campo, mas também a grandeza da terra italiana, mãe e ama desta *Italica Pubes,* a juventude vinda de todos os horizontes italianos, que tinha feito a força das legiões e conquistado, para Roma, o seu Império.

Tem-se repetido com muita frequência que a ideia primeira das *Geórgicas* provém de Octávio e que a intenção deste era

39

O SÉCULO DE AUGUSTO

«promover a agricultura» e de levar os Romanos a retomar as suas ocupações ancestrais. É fácil ver as dificuldades com que esbarra esta hipótese: um poeta, mesmo genial, dificilmente pode lutar contra uma evolução económica iniciada havia séculos. Os *latifundia,* que faziam a riqueza dos aristocratas romanos no fim da República, asfixiavam lentamente os pequenos proprietários e substituíam campos de trigo por pastagens, de exploração mais fácil. Não se podia agir sobre a economia italiana a não ser retalhando estas imensas propriedades. Por diversas razões – entre as quais a necessidade de reconstituir uma aristocracia senatorial rica de bens imobiliários e de assegurar, mais tarde, concentrações de propriedades, graças às espoliações dos vencidos –, Octávio não queria ou não o podia fazer. Todavia, um poeta podia restituir à burguesia provinciana ainda sobrevivente o sentido da sua dignidade, e, sobretudo, reconciliar a Itália com Roma. Nos municípios, os anciãos recordavam ainda a guerra que havia oposto, no início do século, as legiões aos Italianos revoltados. O sentimento de um patriotismo local não se havia ainda esvanecido na Úmbria, na Lucânia, na Sabina, na Etrúria. E não era seguramente por acaso que as *Geórgicas,* inspiradas por Mecenas, uniam num mesmo elogio todos os homens que cultivavam o solo da península. Os próprios camponeses, os lavradores, trabalhadores livres ou escravos, não compreenderiam, sem dúvida, a voz do poeta, mas os seus patrões directos, nas «vilas» rústicas, não podiam deixar de ser sensíveis a esta homenagem. As *Geórgicas* certamente muito fizeram para libertar os provincianos italianos do sentimento de que eram «inferiores» à plebe de Roma, pois um deles, o mantuano Virgílio, proclamava, com a aprovação oficial de Octávio, a sua preeminência moral, a grandeza e nobreza da sua vida. E há decerto mais do que uma verdade literal nesta afirmação, inscrita mais tarde, por Augusto, no seu testamento político: «Toda a Itália me prestou juramento, num entusiasmo espontâneo, e me quis como comandante numa guerra que teve o seu fim com a vitória de Áccio».

*

* *

A política italiana de Octávio não o deixava esquecer que era igualmente necessário conservar a sua popularidade na capital. Na herança de César havia um vasto programa de obras públicas. A intenção do ditador era a de «modernizar» Roma e de a dotar de monumentos públicos equiparáveis aos das grandes capitais helenísticas. O velho Fórum romano estava atulhado de estátuas e santuários venerandos que era impossível remover. Revelava-se demasiado apertado para as necessidades da vida judicial bem como para manter a plebe ocupada. A partir de 46, César dedicou um novo Fórum, situado no sopé do Capitólio[2]. Era constituído por uma cintura de pórticos construída em volta do templo de Vénus Genetriz. Aí se reuniam os homens de negócios, designadamente os cambistas e os banqueiros. César também havia projectado erigir um teatro, a sul do Capitólio, num local simétrico ao do Fórum. Octávio concluiu este último, mas adiou a construção do teatro. Não deu seguimento também a um outro projecto, verdadeiramente grandioso, que consistia em desviar o curso do Tibre para um leito artificial que tinha sido escavado a toda a extensão das colinas vaticanas. Ter-se-ia deste modo anexado à cidade uma imensa planície destinada a substituir o velho Campo de Marte, cada vez mais ocupado por edifícios privados. Não demorou que escrúpulos religiosos se erguessem. César, provavelmente, não fez conta deles. Octávio não se podia permitir afrontar a opinião comum, e o plano foi abandonado. Porém, uma vez assegurada a paz interna, encarregou o seu camarada Agripa de executar toda uma série de obras públicas tanto mais urgentes quanto a guerra havia atrasado, se não mesmo paralisado, todas as actividades desta natureza. Em 33, Agripa,

---

[2] Sobre estes projectos de César e sua realização, remetemos para as nossas *Villes romaines* [*As Cidades Romanas,* Lisboa, Edições 70], p. 44 e sq.

ainda que já tivesse sido cônsul, aceitou fazer-se edil (que era uma magistratura de categoria inferior à do consulado) e lançou-se à tarefa da reparação da *Cloaca Maxima,* bem como de toda a rede de esgotos urbanos. Os aquedutos, que não iam então além do número de quatro, tinham também grande necessidade de ser modernizados. O mais recente datava de havia quase um século, e limitava-se a trazer a Roma uma água tépida e de abominável qualidade. Agripa empreende uma total reorganização das condutas de água. Começou por proceder a uma nova captação, com que honrou Octávio, baptizando-a com o nome de Aqueduto Juliano *(aqua Iulia),* e aumentou o débito dos antigos aquedutos. Simultaneamente, criou um corpo de responsáveis pelos fontanários entre os empregados de sua casa, inventou um novo sistema de medidas e regulamentou a distribuição da água. Os privilégios dos particulares eram então bastante raros, e a quase totalidade da água transportada pelos aquedutos corria nas fontes públicas, onde estava ao dispor de toda a gente. Agripa esforçou-se por minorar os abusos, cortando as derivações clandestinas nas casas particulares e aumentando o número de fontes. A extravasão destas era canalizada para os esgotos, o que contribuía para o saneamento da cidade. Além disso, os depósitos das fontes constituíam reservas permanentes para o combate aos incêndios, que eram então muito frequentes.

Durante o mesmo período, Octávio procedeu a restaurações que se tornaram urgentes: a da *Via Publica,* no Campo de Marte, onde se alojavam algumas delegações que vinham das províncias e onde ocasionalmente se instalavam serviços dependentes do exército. Foi ainda restaurado o teatro de Pompeio, assim como uma das grandes basílicas do velho Fórum, a Basílica Emília. Porém, a mais importante construção então empreendida é bem reveladora das intenções secretas de Octávio.

Em 36, imediatamente após a vitória sobre Sexto Pompeio, Octávio prometeu solenemente a Apolo erguer-lhe um templo magnífico no alto do Palatino. Até essa altura, este deus, que conservava o seu carácter helénico, não havia sido admitido no interior do *pomerium,* o recinto sagrado da cidade. Como todas as divindades estrangeiras, ele deveria contentar-se com santuários situados no exterior deste recinto venerando: Octávio, ao introduzi-lo no próprio coração da cidade, sobre a colina em que, como se contava, Rómulo havia tido os primeiros auspícios no momento da fundação, permitiu-se uma inovação que chegava ao limiar do escândalo. Mas Apolo era *o seu* deus. Circulava em Roma uma história maravilhosa. Garantia-se que Ácia se havia um dia unido ao deus, no seu templo do Campo de Marte, e que Octávio nascera deste amplexo. Octávio nada fazia para apagar esta lenda. Pelo contrário, aquando de um banquete (é verdade que privado), aparecera fantasiado de Apolo. Era possível que Apolo, que Octávio invocava, não fosse senão uma forma «rejuvenescida» do antiquíssimo Véjove (um Júpiter «infernal»), que era uma divindade familiar dos Júlios. Este patrocínio apolíneo de Octávio remonta talvez aos primeiros tempos do triunvirato, e dele se encontrariam ecos nas *Bucólicas.* Fosse como fosse, depois de 36, Octávio ligou a sua sorte à de Apolo. Outorgou-se a tarefa de supervisionar as «predições» atribuídas à Sibila de Cumas, ela mesma uma sacerdotisa de Apolo. Circulava então um grande número destas predições, algumas das quais tinham sido oficialmente recolhidas nos *Livros sibilinos,* postos à guarda de um colégio especial de sacerdotes, apenas podendo ser consultados sob ordem do Senado. Octávio associou-se a este colégio e decidiu depositar os *Livros sibilinos* no futuro santuário de Apolo que ele estava a construir no Palatino. Tinha, deste modo, o poder de publicar ou de silenciar qualquer destas profecias, consoante lhe fosse mais ou menos vantajosa, bem como de exercer acção sobre as correntes místicas de opinião. Estas medidas são evidentemente complementares daquelas que Agripa tomou, aquando da sua edilidade de 33, contra todos os astrólogos e magos, que viram ser interdita a sua permanência na cidade. Octávio, fiel à sua política inicial, achava ser o único intérprete da vontade dos deuses e desconfiava do perigo que para ele representava a presença, em Roma, de uma infinidade de adivinhos cujas predições poderiam constituir uma arma preciosa nas mãos dos opositores.

*

* *

Com o ano 33 terminava o triunvirato e, em teoria, o poder voltava às magistraturas ordinárias. Os dois cônsules, designados havia muito tempo, eram partidários de António. Um deles, Sósio, na primeira sessão do Senado lançou-se em violentas invectivas contra Octávio. Este, numa resposta definitiva, entrou, alguns dias depois, na sala das sessões com uma escolta armada, impôs silêncio aos cônsules, defendeu a sua própria política e atacou António. Era um novo golpe de Estado, e como que uma declaração de guerra. Os cônsules abandonaram Roma, acompanhados por mais de trezentos senadores, e abrigaram-se junto a António. Octávio contentou-se com a nomeação de dois outros cônsules, que lhe eram dedicados. Por sua vontade, ele havia posto fim ao regime do triunvirato. Nada mais lhe restava a não ser deixar às armas a decisão contra António.

Por esta altura, este encontrava-se em Éfeso, aonde o havia seguido Cleópatra. Rodeava-se, como antes, de uma esplendorosa corte, em que figuravam todos os grandes nomes de Roma. Aos seus próprios partidários juntavam-se os republicanos, convencidos de que haviam escapado a Octávio. Mas esta aliança carecia de unidade. A presença de Cleópatra indispunha grande número dos camaradas de António, pois adivinhava-se, no acampamento de Éfeso, o partido que Octávio saberia tirar desta infeliz circunstância: se António se tivesse limitado a reivindicar o lugar que lhe pertencia no Estado romano em virtude dos acordos anteriores, ninguém pensaria em contestar o seu direito de

OS ANOS PRELIMINARES E A CONQUISTA DOS ESPÍRITOS

desforçar a sua honra. Todavia, assumia a figura de renegado, e era fácil atribuir-lhe os mais negros intentos contra Roma. Mas Octávio não necessitou disto. Tendo sido informado de que António havia depositado o seu testamento nas mãos das Vestais, toma conhecimento dele e apercebe-se de que o seu rival, não contente com constituir legados a favor dos filhos que tivera da rainha, desejava, por sua morte, ser sepultado em Alexandria. Estas disposições foram tornadas públicas e acrescentaram-se-lhes rumores assustadores: António não passava de um instrumento às mãos de Cleópatra; ia marchar sobre Roma e instalar aquela no Capitólio. A capital do império seria transferida para Alexandria. Italianos e Romanos tornar-se-iam escravos daqueles que, até então, haviam sido seus súbditos. Tudo isto era, sem dúvida, dificilmente credível, mas a imprudência de António dava ensejo às piores calúnias. Não fora ele quem, em 44, apresentara a César o diadema real e tomara a iniciativa de lhe oferecer, deste modo, a realeza? Hesitaria este mesmo homem em reivindicá-la para si, quando exercia já todas as suas prerrogativas no Oriente, junto de Cleópatra? Ignoramos, sem dúvida, as reais intenções de António. A propaganda de Octávio e de seus amigos interpôs, entre elas e nós, uma espécie de tela que as dissimula e deforma, sendo, porém, muito provável que o triúnviro, levado, por natureza, a conceber grandes desígnios, não tivesse impunemente passado tão longos anos no Oriente e experimentado, até à ebriedade, ser um deus. Imagens impressionantes se ofereciam à opinião pública italiana: de um lado, o novo Dioniso e o cortejo de divindades monstruosas adoradas nas margens do Nilo. Do outro, o apolíneo Octávio, o herói luminoso, garante dos destinos romanos. O combate que se aproxima será, uma vez mais, o dos Deuses Olímpicos contra os Gigantes, a luta da ordem contra a violência e a desmesura.

No fim do ano de 32, era oficialmente declarada guerra a Cleópatra. António nada tinha a ver com ela. Não era uma nova guerra civil que começava, mas, de forma ostensiva, a cruzada da liberdade e da civilização contra a barbárie e a escravatura. Nem todos poderiam ser enganados, mas a palavra de ordem nem por isso deixava de estar lançada. A lenta preparação iniciada logo após os Idos de Março terminava finalmente: o herdeiro de César já não era um soberano que procurava assegurar o seu domínio sobre o mundo, mas o paladino enviado pelos deuses para salvar Roma e o Império.

O Inverno foi passado em preparativos militares. António havia fixado o seu quartel general em Patras, no golfo de Corinto. As suas forças marítimas e terrestres interditavam o caminho para o Oriente. Mais numerosas do que as do seu adversário (sobretudo as forças navais), elas compreendiam, como outrora as de Pompeio, elementos desgarrados. As tropas de Octávio eram sólidas e estavam bem treinadas. As tripulações, em especial, haviam já prestado provas na luta contra Sexto Pompeio.

Não estamos informados com rigor sobre as escaramuças e as movimentações que preencheram a Primavera e o Verão de 31. Sabemos apenas que os nobres romanos que acompanhavam António passaram, um a um, para o inimigo. Talvez a propaganda de Octávio explique esta deserção, talvez eles se dessem conta, pouco a pouco, de que o seu proveito estaria no outro campo; talvez também compreendessem que uma vitória de António não seria, de forma alguma, desejável para o futuro do mundo e poderia comprometer para sempre o velho ideal romano de liberdade e civismo. A batalha decisiva teve lugar no mar, a 2 de Setembro. Parece que uma boa parte da frota de António não se envolveu, fosse por imperícia, traição ou repugnância por combater. No fim deste dia, António consegue escapar com quarenta embarcações. Cleópatra havia-se já feito à vela em direcção ao Egipto, e António seguiu-a. Alguns dias depois, as suas legiões capitulavam. Graças a um acaso singular, o recontro naval ocorreu à vista do promontório de Áccio, no Epiro, e sobre este promontório erguia-se um santuário de Apolo. O deus mantivera a sua promessa.

OS ANOS PRELIMINARES E A CONQUISTA DOS ESPÍRITOS

Foi preciso menos de um ano para determinar o destino das províncias orientais. Uma conjura fomentada em Itália foi esmagada por Mecenas. Os governadores fiéis a António foram perseguidos ou submeteram-se. Os reis vassalos que ele havia investido foram conservados no seu trono. No Verão do ano seguinte, Octávio aniquilou as derradeiras tentativas de resistência de António no Egipto e, a 1 de Agosto, entrou em Alexandria. António suicidou-se. Cleópatra, ante a ameaça de figurar no cortejo triunfal de Octávio, em Roma, fez-se, como se crê, voluntariamente morder por uma áspide. Pela primeira vez, o mundo mediterrâneo, no qual se incluía o Egipto, encontrava-se, na sua totalidade, unido no interior do Império.

Capítulo II

O Principado Augustano

Interrompida por um assassinato, quinze anos de guerra civil e inúmeros golpes de Estado, a tarefa que César havia para si determinado, quando tomasse o poder, continuava por acabar no momento em que Octávio pôde enfim celebrar, em Agosto de 29, o triplo triunfo que punha fim à luta contra António. César tinha empreendido, ao assumir a ditadura, uma reorganização total do Estado romano. Mas não teve tempo de levar a cabo o seu programa, cujo primeiro ponto comportava, na aparência, a constituição de um regime monárquico. Tal não teria sido permitido por Roma. Porém, os «libertadores» não tinham sabido restabelecer a República e, com o decurso dos anos, à medida que as proscrições e as batalhas deixavam clareiras nas fileiras do antigo Senado tornava-se cada vez mais evidente que a aristocracia tradicional já não estava disposta a retomar as suas responsabilidades de outrora, e o título que a si mesmos se tinham atribuído os triúnviros (*triumviri reipublicae constituendae,* que significa, aproximadamente, «triúnviros para a constituição do Estado») traduzia a urgência do problema constitucional. Uma vez terminada a guerra, Octávio tinha finalmente as mãos livres para dar a Roma as instituições que ela reclamava, e podia prever-se que estas não seriam as mesmas de outrora.

Já ao longo dos anos que precederam a batalha de Áccio ele havia tomado diversas medidas de preparação para o futuro. Dissemos já como se impusera a ideia da sua missão divina: filho do deus César, favorito de Apolo, ele tinha escolhido, para celebrar o seu triunfo de 29, os dias consagrados à festa de Hércules, reclamando assim o patrocínio do herói cujos «trabalhos» lhe haviam valido a imortalidade. Ao fundar numerosas colónias de veteranos na Itália e nas províncias, por outro lado, conquistara uma imensa clientela. Chefe vitorioso, reunira sobre si mesmo os triunfos e a glória militar. De forma alguma, em todo o Estado, havia pessoa que se lhe pudesse comparar, e a nova «constituição» haveria de ter em consideração esta situação de facto. É notável, com efeito, que nunca Octávio tentou esboçar *a priori* o quadro do regime que tencionava fundar. Tanto quanto se sabe, não tinha qualquer simpatia pelo teóricos que, no passado, haviam imaginado constituições utópicas. Nisto revelava-se Romano. Aquilo que se pode efectivamente denominar a «constituição» republicana não era mais do que um conjunto pouco coerente de leis votadas em épocas diferentes; entre elas, umas haviam caído em desuso, outras tinham-se paulatinamente modificado com vista à sua utilização. O seu funcionamento era garantido, na prática, por tradições, designadas, de forma vaga, pelo nome de *mos maiorum* (o costume dos antepassados), e sempre mutáveis. O espírito conservador dos Romanos não concebia muito bem que se pudesse conduzir a uma mudança radical práticas provadas pelo uso e que o tempo havia demonstrado que agradavam aos deuses, mas o seu sentido das realidades advertia-os também de que estas mesmas práticas deviam fatalmente adaptar-se, bem ou mal, às novas condições impostas pelos acontecimentos. É ainda a elas que o novo senhor irá buscar a estrutura do seu regime.

Desde o golpe de Estado de 31, Octávio era, todos os anos, empossado no consulado. Nesta qualidade, era presidente do Senado e chefe supremo do Estado. De resto, partilhava as suas prerrogativas com o seu colega, o segundo cônsul, mas este, que lhe devia a sua eleição (ou mais propriamente a sua designação) era-lhe, forçosamente, dedicado. De direito, as atribuições e funções dos cônsules, legislativas e executivas, permaneciam inalteráveis. De facto, a continuação de um mesmo cônsul, ano após ano, transformava esta magistratura num instrumento de poder pessoal.

No tempo da República, as províncias eram administradas por governadores, antigos cônsules ou antigos pretores, investidos de uma autoridade soberana, simultaneamente civil e militar, designada *imperium proconsulare* (i). Depois do mês de Janeiro de 27 a.C., no momento em que lhe foi conferido o título de *Augustus* (1), Octávio restabeleceu este sistema e restituiu ao Senado a gestão de todas as províncias, à excepção de três, que reservou para si: a Hispânia, a Gália e a Síria. Estas eram províncias onde ainda decorriam acções militares. A Hispânia, insuficientemente pacificada, havia sido, nos anos anteriores, o teatro de numerosas sublevações. O mesmo se passava com a Gália, onde se podia, além disso, ter que fazer face a incursões bárbaras

---

(i) O termo latino *imperium* não tinha efectivamente o sentido que tem hoje o nosso «império», nem quando pensamos no sistema político estruturado por Augusto e que haveria de perdurar até ao ano de 476: o regime imperial romano.

Designava uma autoridade, um atributo de poder executivo de que eram investidos os magistrados superiores e que acumulava responsabilidades civis (administração pública e fiscal, a segurança interna, o poder judicial, a faculdade de legislar) e militares (de comando dos exércitos em campanha). O título de *imperator* corresponderia, neste último sentido, ao que hoje entenderíamos como um general ou marechal. Com a expansão territorial do poderio romano, houve a necessidade de colocar à frente de cada província uma autoridade com amplos poderes mas sob delegação da autoridade central: os procônsules, assim designados por deterem *imperium* análogo ao dos cônsules (*N. do T.*).

(1) Ver acima, p. 17.

na fronteira do Reno. A Síria, finalmente, estava sob a perpétua ameaça de uma invasão dos Partos, e a opinião pública não tinha ainda abandonado a esperança de vingar a derrota de Crasso. Octávio tinha, portanto, amplas justificações para reservar para si estas três difíceis províncias. Mas, acima de tudo, tal apresentava a vantagem de conservar para si o *império* proconsular e, por consequência, um comando militar e a coordenação das legiões.

Durante quatro anos, de 27 a 23, a autoridade de Augusto assentou, legalmente, sobre a reunião, na sua pessoa, do consulado e do *império* proconsular. Ele era, deste modo, senhor da maior parte do exército, enquanto «procônsul» e, como cônsul, dirigia a política externa e a administração interna do Estado, segundo os pareceres do Senado (que era de sua iniciativa convocar). Como cônsul ainda, ele detinha autoridade sobre os demais magistrados e podia avocar para o seu próprio tribunal todos os assuntos que lhe aprouvesse.

Tais eram os poderes «legais» de Augusto a partir de Janeiro de 27. A própria «constituição» não tinha sido transformada. Tanto o consulado como o proconsulado continuavam a ser juridicamente o que sempre haviam sido. O que havia de novo não era que um só homem concentrasse nas suas mãos poderes que, habitualmente, pertenciam a personagens diferentes – não faltavam exemplos anteriores de tal concentração: não era chocante que um cônsul em exercício fosse ao mesmo tempo governador de província e tivesse que fazer-se representar nesta última por um lugar-tenente (*legatus*) –; a inovação (e a anomalia) começava apenas na duração deste poderes, e sobretudo a do consulado incessantemente renovado, tanto mais que, desde o tempo da República, os próprios proconsulados tinham deixado de ser anuais, mas atribuídos por períodos variáveis. No dia em que Augusto decidisse renunciar ao consulado, a constituição republicana estaria, de imediato, restabelecida. Nos actos oficiais, o sistema inaugurado em 27 é naturalmente designado pelo nome de *respublica reddita,* ou *respublica restituta,* o que significa que o poder tinha sido «entregue» aos seus legítimos detentores, o Senado e o Povo de Roma. Não havia nisto duplicidade alguma: os instrumentos do poder eram realmente restituídos ao corpo político; mas *sucedia* que estes instrumentos eram confiados a um único homem, investido de uma missão «excepcional». A história conhece outros exemplos de constituições que hesitam desta maneira entre a monarquia e a república e com a possibilidade de, em função da escolha ou necessidades do momento, servir um ou outro regime.

A missão de Augusto era resultante de inúmeros factos, que não eram de ordem jurídica, mas histórica: em 32, Romanos, Italianos e habitantes das províncias orientais haviam prestado a Octávio um juramento pessoal de obediência, através do qual estariam ligados para sempre. Mais ainda: muitos dos provincianos, habitantes de uma das colónias fundadas por Octávio e que receberam o direito de cidadania romana, eram seus «clientes» e deviam-lhe fidelidade, tal como ele mesmo lhes devia assistência e protecção. Por último, no interior do Senado, Augusto era a personagem mais importante. Era ele quem estava investido da maior *auctoritas:* era ouvido não porque possuísse a força, mas porque adquirira, com as suas acções anteriores e o seu próprio sucesso, um valor preeminente. Ele era *princeps senatus,* guia moral incontestado entre os seus iguais, e cada palavra e cada opinião sua eram «exemplares». A noção de «principado», que hoje nos parece de essência monárquica, era, na altura, sobretudo aristocrática e oligárquica. Havia-se desenvolvido ao longo do segundo século antes da nossa era, no período em que o Senado exercera a preeminência. O *princeps senatus,* isto é, a personagem de categoria mais elevada no Senado (em princípio, o de idade mais avançada entre os antigos cônsules), não é o presidente da sessão (é o cônsul em funções quem toma a iniciativa de convocar a assembleia e que a ela preside), mas é o primeiro a proferir o seu parecer. E este primeiro parecer reveste-se de uma excepcional importância, pelo próprio facto de constituir uma espécie de presságio. É assim que, nas assembleias populares, o voto da primeira centúria era geralmente seguido pelo das restantes. Ao tornar-se *princeps senatus,* Augusto ficava investido da autoridade moral, de natureza quase religiosa, análoga àquela que, um século antes, havia pertencido, por exemplo, a Cipião Emiliano. E jamais alguém, ponderadamente, acusara Cipião Emiliano de aspirar à monarquia.

Por fim, como último elemento dos «poderes» de Augusto no interior da *res publica restituta,* vinha a sua riqueza pessoal. Sucessor dos Ptolemeus no Egipto, ele possuía rendimentos imensos, que não reverteram para o tesouro público (o *aerarium Saturni,* gerido pelo Senado), mas para o seu cofre privado (o *fisco).* Estes recursos permitiam-lhe assumir o encargo de certos serviços públicos em momentos difíceis, por exemplo: a manutenção das estradas, o abastecimento de Roma (a *annona)* ou, como havia feito Agripa em 33, as condutas de água. Além do mais, este sistema não era mais do que o desenvolvimento de um costume republicano. Em todos os tempos, os generais vitoriosos, sobretudo se tivessem sido honrados com o triunfo[ii],

---

[ii] Aos generais que regressavam a Roma de campanhas vitoriosas era concedida a honra do *triunfo,* um cortejo solene de carácter cívico-religioso e sujeito a estritas regras rituais. À cabeça do desfile caminhavam os magistrados e senadores, seguidos de tocadores de clarim e dos portadores dos despojos, as vítimas para os sacrifícios e os prisioneiros de guerra. De seguida ia o general, numa quadriga, juntamente com seus filhos. Rodeavam-no os ludiões, dançando ao som da lira e executando mimos. No fim do cortejo marchavam as tropas do general, que entoavam cânticos ao seu chefe, mistos de elogio e de ditos jocosos. O *imperator* (general) apresentava-se ornado dos atributos de Júpiter, como se fosse a personificação do próprio deus: túnica e toga de púrpura bordejadas a ouro, ceptro de marfim encimado por uma águia, ave que simboliza o deus, uma coroa de loureiro. Os cortejos triunfais passavam geralmente sob um arco, construído para o efeito, e terminavam no templo de Júpiter no alto do Capitólio, onde o general oferecia um sacrifício de acção de graças. Na época imperial o privilégio do triunfo torna-se exclusivo do Imperador *(N. do T.).*

cediam ao povo romano uma parte dos seus despojos, sob a forma de grandes obras públicas ou de jogos. Estes *munera,* ou «presentes», eram um dos encargos que o costume impunha aos magistrados e às grandes personalidades do Estado. *«Noblesse oblige».* Este costume dos *munera* existia no interior dos municípios e de todas as pequenas cidades provinciais. Augusto não tinha qualquer interesse em não o praticar, e é bem certo que a extensão dos seus recursos lhe permitia conquistar, também aqui, a preeminência e exercer uma vigilância eficaz sobre qualquer ramo da administração pública.

Verificava-se que, depois de 27, o «principado» de Augusto se podia orientar indiferentemente no sentido de uma restauração republicana ou de uma monarquia, mas também que ele continuava fiel à lei e às instituições profundas do regime oligárquico abolido em 49 pelo golpe de estado de César. O Estado romano conserva as suas instituições fundamentais, o Senado e os Comícios (quer dizer, as Assembleias eleitorais), todavia com uma diferença: o seu funcionamento acha-se dominado por um *princeps,* o homem que os deuses designaram como guia.

Augusto podia aqui invocar uma obra composta por Cícero, nos derradeiros anos da República, o *De Re publica:* Cícero, que aspirava, pessoalmente, a tornar-se *princeps senatus,* nela descrevera o funcionamento ideal de uma constituição muito semelhante àquela que foi instaurada em 27. Na sua base, figurava a *concordia ordinum,* isto é, o acordo livremente consentido entre as duas primeiras classes do Estado, os senadores e os cavaleiros. Nele residia a fonte do poder. Mas este poder era exercido simultaneamente por intermédio dos magistrados, eleitos pelos comícios, ou seja, pelo povo, e sob a vigilância do Senado. Este, por seu turno, era orientado por um grupo restrito de personalidades eminentes, a quem pertencia a *auctoritas.* O carácter oligárquico de uma tal concepção é inegável. O funcionamento do sistema assenta, em última análise, no valor pessoal, bom senso, patriotismo e abnegação dos *principes,* eles próprios apoiados nos «bons cidadãos», os *optimates,* isto é, na prática, em todos aqueles a quem o nascimento, a fortuna ou o talento conferem alguma responsabilidade e influência sobre os seus concidadãos. Estes «bons cidadãos» têm deveres particulares (definidos pelo próprio Cícero em outro tratado, o *De Officiis).* Devem servir como guias para todo o povo e trabalhar para o bem comum. No lugar da antiga hierarquia fundada exclusivamente no nascimento, Cícero pretende colocar uma outra assente na Virtude, isto é, simultaneamente na pureza de intenções e na energia pessoal. A influência estóica é aqui manifesta. O estoicismo reconhece a desigualdade dos espíritos. Doutrina aristocrática, gosta de opor, à turba dos ignorantes (*indocti* ou *stulti),* algumas almas de escol, possuidoras da verdadeira luz e as únicas capazes de conceber e realizar o Bem. Nos tempos heróicos de Zenão e Crisipo, o estoicismo havia prestado o seu apoio aos príncipes helenísticos, esforçando-se por agir sobre aqueles que a Fortuna tinha investido do poder e por esclarecê-los. No tempo de Posidónio, dirigira a política de Rodes, a última cidade «livre» do mundo helenístico. Também os grandes *principes* republicanos do segundo século a.C., os Cipiões e seus amigos[iii], se tinham reclamado do estoicismo, e sabemos que, na sua

---

[iii] A família dos Cipiões, do clã (*gens)* dos Cornélios foi, durante o século II a.C., o farol da síntese ecléctica entre a tradição romana (o *mos maiorum)* e a cultura grega, que brilhante descendência haveria de deixar no século seguinte, por exemplo na obra de Cícero. Acolheu e protegeu filósofos como os estóicos Panécio de Rodes e seu discípulo Posidónio de Apameia, o historiador Políbio ou um autor dramático como o comediógrafo cartaginês Terêncio, cuja obra se inspirou na Comédia Nova grega e de que sobreviveram seis peças. À influência grega opôs-se tenazmente Marco Pórcio Catão, o Censor ou o Antigo, considerando-a perniciosa e degradante para os bons costumes romanos, a tal ponto que se tornou o paradigma das tendências ultraconservadoras de todos os tempos: ainda hoje utilizamos, por metonímia, o termo «Catão» para nos referirmos a uma pessoa excessivamente austera e retrógada, adversária incondicional da mudança dos tempos e dos gostos.

juventude, Octávio havia tido por mestre o estóico Atenodoro. É, sem dúvida, pouco verosímil que, em 27, Augusto tenha efectivamente recorrido aos conselhos deste, mas é bastante provável que se tenha recordado das suas lições quando «restituiu» uma república que se encontrava a meio caminho entre uma oligarquia e uma monarquia «esclarecida».

*

* *

Depois da reorganização de 27, Augusto decidiu afastar-se por algum tempo, à maneira dos antigos legisladores. Ele esperava que, na sua ausência, as instituições que ele havia proporcionado ao Estado funcionassem mais livremente. Por meados do ano, dirigiu-se à Gália e, daí, passou à Hispânia. Deixava em Roma três procuradores dedicados: Agripa, Mecenas e Estatílio Tauro. A sua ausência durou até 24, e o seu regresso foi saudado por Horácio:

«César, aquele que, à maneira de Hércules, tu ainda agora dizias,
ó [plebe,
que fora em demanda de louros pelo preço da morte,
regressa das costas hispânicas, vencedor, buscando de novo
os deuses do seu lar.»[2]

Este traço de carácter ficou como imagem de marca dos Catões. O seu bisneto Marco Pórcio Catão, conhecido como Catão de Útica, foi também um homem de severa rectidão moral. Curiosamente, porém, abraçou uma doutrina filosófica grega: o estoicismo, aquela cuja ética melhor se acomodava às tradições morais romanas. O seu grande mestre foi Atenodoro de Tarso, precisamente o mesmo de Octávio (*N. do T.*).

[2] *Odes* III.14.1-4.

O SÉCULO DE AUGUSTO

Regresso vitorioso, sem dúvida (pelo menos oficialmente, pois as operações continuaram ainda por algumas campanhas), mas, segundo o próprio testemunho do poeta, regresso inesperado. Augusto estava doente. O rumor da sua morte havia corrido. Começava a murmurar-se que o novo Hércules, ao regressar do Ocidente, poderia também ele «descer aos Infernos», e a oposição retomara alento. Uma conjura rebentou na própria comitiva do *príncipe*. O seu próprio colega do consulado no ano de 23, Terêncio Varrão Murena, o cunhado de Mecenas, é subitamente acusado, condenado na sua ausência e sumariamente executado. Augusto escolhe um outro colega, Calpúrnio Pisão, um republicano autêntico, mas em breve a doença redobra de violência, e eis que no Palatino se representa uma cena trágica. Augusto, mudo, estendido no seu leito, remete para Pisão as pastas secretas da administração e oferece o seu anel a Agripa. Não dá qualquer outra indicação, mas o seu gesto é claro: é sobre Pisão que recai legalmente a gestão do consulado, pela morte do seu colega; quanto a Agripa, herdará tudo quanto constitui a posição pessoal de Augusto, o conjunto da sua fortuna e, sem dúvida, também o *império* proconsular. Mas Augusto não disfarça que as hipóteses do regime são ainda frágeis. Com o seu desaparecimento, qual será a *auctoritas* de Agripa? Em que se converterá, sobretudo, este sentimento da missão divina de que ele mesmo está investido, com a exclusão de qualquer outro? Esta missão divina dos *Iulii,* que ele guarda de César, mais não é do que uma amarga irrisão, e parecia que os deuses o haviam traído.

Porém, contra todas as expectativas, Augusto sobreviveu. A receita de um médico grego, António Musa, foi o instrumento do milagre. Alguns banhos frios, tomados a tempo, devolveram a saúde ao *príncipe*. A obra podia continuar. Mas o alerta revelara as lacunas e o perigo do sistema. Convinha separar mais os poderes do *príncipe* dos dos magistrados ordinários, a fim de evitar que, com o desaparecimento do primeiro, o seu colega no consulado fosse chamado a substituí-lo. Continuando a constituição republicana a subsistir, a autoridade de Augusto não deveria integrar-se nela, mas sobrepor-se-lhe. Durante o tempo que Augusto vivesse, a união, na sua pessoa, de poderes «ordinários» e de uma preeminência excepcional não apresentava qualquer inconveniente, mas a eventualidade da sua morte obrigava a tomar consciência do verdadeiro carácter do regime que ele fundara, que não era uma monarquia, mas uma *diarquia:* de um lado, o Senado e o povo, como no tempo da República; do outro, o príncipe e a sua casa, exercendo uma função reguladora e de vigilância. Poder-se-ia imaginar que se um dos dois elementos constituintes do sistema desaparesse, Roma se transformaria então, consoante o caso, em monarquia ou república. Mas a essência do principado consistia na sua coexistência, num equilíbrio sempre ameaçado e sempre preservado.

Para separar mais nitidamente o seu próprio poder do dos magistrados tradicionais, Augusto renunciou a fazer-se empossar anualmente no consulado. Em contrapartida, atribuiu-se, a partir do 1.º de Julho de 23, o «poder tribunício», ou seja, não apenas a inviolabilidade pessoal mas sobretudo o direito de veto sobre os actos de todos os magistrados. Este direito, que havia até então possuído como cônsul, devê-lo-ia conservar sob uma nova forma. Ora, um tal direito de veto (*ius intercessionis*) tinha sido imaginado outrora para proteger os plebeus contra os actos arbitrários dos magistrados patrícios. Havia sido confiado aos tribunos da plebe, que desta forma se tornaram os protectores da arraia miúda. No fim da República, os tribunos tinham em muito contribuído para criar uma agitação demagógica e provocar a anarquia em que o regime se afundara. Augusto não queria nem podia tomar posse do tribunado (cargo em que haveria de ter colegas), mas isolou deste a *tribunicia potestas* e fez dela um instrumento de vigilância sobre o conjunto da vida política. Este poder tribunício é tão essencial ao regime que, até ao fim do Império, a sua renovação anual a 10 de Dezembro servirá para datar os anos de cada reinado.

Por outro lado, para conservar à sua livre disposição as forças militares, Augusto foi empossado no *império* proconsular já não do interior de determinadas províncias, mas da totalidade do Império, e arrogou-se, na própria Roma, o *império* militar, o que era contrário a toda a tradição. Isto dava-lhe o direito de manter tropas na capital, as coortes «pretorianas», chamadas a ter um tamanho peso no destino do Império.

A reorganização do ano 23 recaía, como se vê, nas concessões acordadas em 27. Augusto criava, à margem das instituições da «república livre», uma potente máquina de despotismo. O uso a fazer dela dependeria da *pessoa* do príncipe.

*

*   *

O alerta de 23 havia colocado, de forma aguda, o problema da duração do regime, ou seja, na prática, o da sucessão de Augusto. Posto que, em última análise, a preeminência do príncipe no Estado assentava numa investidura divina da *gens Iulia,* o sucessor de Augusto só poderia ser um representante desta família eleita, herdeiro da sua própria divindade, assim como ele mesmo havia herdado a do deus César. Até então, porém, os deuses tinham-lhe recusado um filho. Um primeiro matrimónio, com Cláudia, a enteada de António, matrimónio imposto pelos veteranos de César como caução da concórdia entre Octávio e António, não havia sequer sido consumado. No fim do ano 40, Octávio casou com Escribónia, viúva de dois consulares, que lhe deu uma fiha, Júlia. Mas depressa se divorciou, dizia ele que «enfastiado do temperamento insuportável de sua mulher», e a 17 de Janeiro de 38 desposou Lívia Drusila, que, para tal, teve que abandonar o marido, Tibério Cláudio Nero, que ela amava e de quem tivera já um filho (o futuro imperador Tibério) e de quem esperava uma segunda criança. Octávio havia-se apaixonado por ela e nada o podia convencer a esperar pacientemente pelo menos até ao nascimento da criança, que deveria ser um menino. Consultaram-se os pontífices acerca da oportunidade deste matrimónio. A resposta foi que os deuses a ele se não opunham.

Mas o matrimónio com Lívia continuou estéril, e Augusto teve que procurar um sucessor fora da sua posteridade directa. Ele mesmo não era o verdadeiro filho de César; pelo sangue, era apenas o seu sobrinho neto. Ora, a irmã de Augusto, Octávia, a infeliz esposa de António, havia tido três crianças de um primeiro casamento com G. Cláudio Marcelo: duas filhas, Marcela a mais velha e Marcela a mais nova; e um filho, M. Marcelo, nascido em 42. É na direcção deste jovem varão que se dirigem as atenções de Augusto. Já em 29, ele tinha figurado, tal como o enteado de Augusto, Tibério, na pompa triunfal do mês de Agosto, à direita de seu tio. Depois, Augusto levara-o consigo aquando das campanhas contra os Cântabros (tal como ele mesmo havia seguido César no tempo de Munda) e, em 25, concedera-lhe em casamento a sua filha Júlia. Parece então evidente a toda a gente que Marcelo é chamado para ser o herdeiro de Augusto. Horácio relaciona numa estrofe propositadamente ambígua a glória de Marcelo e o esplendor do astro juliano (o *sidus iulium* de 44), que brilha «como a Lua entre os fogos menores» [3]. Marcelo é eleito edil antes de ter idade, e os jogos oferecidos em seu nome no mês de Setembro, os *Ludi Romani,* revestem-se de um esplendor incomparável. Ao mesmo tempo, Augusto afasta de Roma, confiando-lhe uma missão no Oriente, o seu velho camarada de luta, Agripa, que não gosta de Marcelo e vê com melancolia as honras acumularem-se sobre este jovem indivíduo. Augusto, por certo, não adoptou ainda Marcelo, mas tudo leva a crer que esta adopção não tardará. Talvez ela venha a ser proclamada nos Jogos Seculares próximos, tão aguardados desde a

---

[3] Horácio, *Odes* I.12.45 e seg.

época da paz de Brindes, e que Augusto pensa seriamente celebrar agora: o novo «século», anunciador da Idade de Ouro, seria inaugurado com o nome de Marcelo. A profecia virgiliana de 40 está, enfim, prestes a realizar-se, em benefício do sobrinho de Augusto.

Desgraçadamente, após a celebração dos *Ludi Romani,* acontece que Marcelo cai doente e morre, sem dúvida por volta de finais de Outubro de 23. Augusto teve que se render à evidência: os deuses não lhe assinalaram ainda o esperado herdeiro, necessário para assegurar a continuidade e o próprio equilíbrio do principado. Assim que pôde deixar Roma, volta a partir e desta vez dirige-se para o Oriente. Mas, quando se encontra ainda na Sicília, chama Agripa de volta, coage-o ao divórcio e fá-lo casar com Júlia, a viúva de Marcelo. É em Júlia que assenta agora o destino dos *Iulii,* e, desta feita, os deuses são favoráveis. Com dois anos de intervalo, nascem dois rapazes: Gaio e Lúcio César. Melhor do que Marcelo – um sobrinho – os netos do príncipe são a resposta clara da Providência à sua longa prece. Augusto regressa então do Oriente e, com a máxima brevidade, celebra enfim, em 17 a.C., os Jogos Seculares.

Com a morte de Agripa, em 12, Augusto de imediato fez Júlia casar com Tibério, que ele obrigou, para isso, ao divórcio. Tibério estava essencialmente encarregado de velar pela educação dos dois jovens príncipes, Gaio e Lúcio, que Augusto adoptara desde o seu nascimento. O filho de Lívia encontrava-se, por essa mesma via, instalado na função subalterna que havia outrora sido a de Agripa. Em 6 a.C., Augusto associou-o por cinco anos ao poder tribunício e enviou-o ao Oriente, tal como tinha enviado Agripa em 23. Mas Tibério, menos dócil do que este, renunciou a toda a actividade política e retirou-se para Rodes, num exílio voluntário, entregando-se inteiramente ao estudo das letras. Com Tibério assim afastado de cena, Gaio e Júlio César são cumulados de honras. É decidido, a partir do ano 5 a.C., que o primogénito, Gaio, receberá o consulado antes da idade, em 1 d.C., e que, três anos mais tarde, será a vez do seu irmão. Entretanto, os cavaleiros romanos saudam Gaio pelo título de «Príncipe da Juventude» (*Princeps Iuventutis*), título que recorda e prenuncia o de *Princeps Senatus*.

Para completar a formação de Gaio e o «apresentar» ao Império, Augusto encarregou-o, no ano 1 a.C., na qualidade de cônsul designado, de uma missão militar na fronteira do Danúbio, enviando-o seguidamente ao Oriente, onde o jovem príncipe teve um encontro com o rei dos Partos. Contudo, algum tempo depois, no momento em que tentava restabelecer a ordem na Arménia, Gaio era ferido, no decurso de um cerco; com todas as suas energias esgotadas, haveria de morrer dessa ferida, ao cabo de vários meses de doença (a 21 de Fevereiro de 4 d.C.). O golpe é ainda mais rude porque o outro César, Lúcio, morrera em Marselha, dois anos antes (20 de Agosto de 2 d.C.). Augusto tinha então atingido o seu sexagésimo sétimo ano de vida e o problema da sua sucessão parecia tão longe de receber uma solução quanto o estivera em 23 d.C.

Para, enfim, o resolver, Augusto fez duas adopções simultâneas: a de Tibério e a de Agripa Póstumo, o irmão de Gaio e Lúcio, nascido a 12 a.C., após a morte de seu pai. A adopção de Tibério não passava, aos olhos do príncipe, de um expediente; as condições em que elas ocorreram são claramente reveladas no início do testamento de Augusto, cujos termos Suetónio nos conservou: «Já que uma fortuna cruel arrancou de mim os meus filhos Gaio e Lúcio, seja Tibério César meu herdeiro, pela metade e um sétimo...». Augusto não podia confessar de forma mais clara, e mais crua, que a sua mão havia sido forçada pelo destino. Porém, a adopção simultânea de Agripa Póstumo mostrava também que ele pretendia acautelar o futuro: se ele mesmo sobrevivesse o tempo suficiente para o jovem atingir a idade de lhe suceder, Tibério seria, uma vez mais, eliminado. Se, pelo contrário, Tibério fosse efectivamente chamado a tornar-se senhor do Império, Augusto havia tomado uma outra precaução, destinada a impedir que o poder saísse em definitivo do ramo juliano da família. Ao adoptar o seu enteado, impusera-lhe que adoptasse Germânico, que era, da parte de sua mãe, Antónia-a-Jovem, o neto de Octávia e que, além disso, tinha casado com uma irmã de Gaio e Lúcio César, a primogénita Agripina. No máximo, Tibério seria apenas o depositário do poder imperial, e a «predestinação» dos *Iulii* não seria traída.

Uma vez mais, porém, os cálculos do velho imperador se frustraram, talvez devido à sorte, talvez devido às maquinações de Lívia (que um dos seus bisnetos, o imperador Calígula, haveria de chamar um «Ulisses de saias»). Agripa Póstumo não demorou a ser relegado para uma ilha, sob pretexto de que o seu carácter brutal e estupidez tornavam a sua permanência impossível em Roma. No início do reinado de Tibério, haveria de ser executado. Em 13, quando sentiu que a morte se aproximava, Augusto tomou as últimas disposições possíveis. Associou por inteiro Tibério ao seu poder, concedendo-lhe, através de uma lei, atribuições iguais às suas. A 17 de Agosto de 14, Augusto morreu. Em Roma, nem os senadores, nem o povo, nem os soldados hesitaram por um momento em prestar a Tibério o juramento de fidelidade, criando entre si e ele aquela lealdade pessoal em que assentava a *auctoritas* do príncipe. Augusto foi oficialmente divinizado: o principado tinha passado sem percalços a última prova, tinha sobrevivido ao seu criador.

Capítulo III

A Literatura Augustana

Uma das primeiras preocupações de Mecenas, o camarada de Octávio, na aventura que haveria de os levar ao cúmulo do poder e da glória, foi a de concentrar à sua volta os poetas. Octávio mal acabara de superar as primeiras dificuldades do seu empreendimento e de concluir com António e Lépido a aliança do triunvirato e encontramos já Virgílio na intimidade de Mecenas. Pouco tempo depois, sem dúvida na Primavera de 38, é Horácio, apresentado pelo próprio Virgílio, que se junta ao grupo, em que figuram já poetas cujas obras não são para nós muito conhecidas, mas que não deixavam de ter mérito: L. Vário Rufo, Plócio Tuca, Quintílio Varo e Válgio Rufo. Ao rodear assim Octávio de um círculo de letrados, Mecenas mais não fazia do que seguir uma tradição já antiga. Havia quase dois séculos que os generais romanos gostavam de ligar a si poetas capazes de cantar as suas façanhas. O austero Catão tinha deste modo «descoberto» Énio, arrancando-o à centúria que comandava na Sardenha para se dedicar, por inteiro, à poesia. O mesmo Énio cantara, no seu poema *Ambrácia,* os altos feitos do seu «patrono» Quinto Fúlvio Nobilior durante a tomada desta cidade. Os procônsules romanos imitavam desta forma os conquistadores helenísticos e o próprio Alexandre, que bem sabia que a glória de

Aquiles teria sido vã se Homero não a houvesse imortalizado. Pouco a pouco, cada uma das grandes famílias da aristocracia romana tinha assim atraído a si grandes homens de letras, com a tarefa de subtrair a sua memória do esquecimento. Os poetas figuravam, ao lado dos filósofos, nas casas dos nobres: poetas gregos, com frequência, como Árquias, ou Filodemo de Gádara, cujos nomes ficaram ligados aos de Cícero e do epicurista Pisão, mas também poetas latinos, com os quais os governadores gostavam de se fazer acompanhar quando partiam para qualquer província longínqua. Foi assim que Gaio Mémio, o amigo de Lucrécio, levou até à Bitínia, na sua *coorte pretoriana,* o poeta Catulo. Porém, se ele mais não fazia que se adaptar a uma moda já antiga, Mecenas teve não apenas o engenho de concentrar à sua volta os escritores mais brilhantes do seu século, como soube também dirigir o seu génio e pô-lo ao serviço desta «revolução dos espíritos» indispensável ao pleno sucesso da revolução política para a qual Octávio trabalhava.

Podemos com todo o direito interrogar-nos sobre a curiosa coincidência que fez do século de Augusto a época clássica da literatura latina. E sem dúvida que nem a acção pessoal de Augusto nem a de Mecenas seriam suficientes para explicar o magnífico florescimento de poetas que então irrompeu: ninguém pensará em negar que ele tenha sido longamente preparado, no decurso das gerações anteriores, e que Augusto tivera a ventura de aparecer no momento em que a literatura latina *havia de* alcançar o seu apogeu. Há aqui, em boa parte, um desses felizes acasos que parecem desafiar todos os esforços para o explicar. Somos realmente forçados, enfim, a verificar que esta «idade de Ouro» dos poetas durou menos que o próprio reino de Augusto e também que ela se iniciara antes do tempo de Áccio. As primeiras obras de Virgílio são contemporâneas dos últimos anos de César, e Virgílio morreu em 19 a.C., mais de trinta anos antes de Augusto. Propércio desapareceu, seguramente, por volta de 15 a.C. Horácio morre em 8, no mesmo ano em que Mecenas, e o fim do principado de Augusto é particularmente vazio de grandes nomes. A coincidência não é, portanto, total, sendo também certo que os grandes poetas do século haviam já atingido a maturidade, se não mesmo um perfeito domínio do seu talento, antes de a revolução política augustana estar cumprida. As vocações de Horácio, de Virgílio, de Propércio, de Tibulo, nada devem a Mecenas nem a Octávio; a mera comparação das datas convida-nos a verificar que a maturação literária do século é exactamente contemporânea dos anos que conheceram a conquista do poder por Octávio e seus amigos: na literatura como na política, os anos mais importantes do século são aqueles que antecederam o triunfo de Augusto. Na última parte do seu reinado, este limitar-se-á a colher o benefício do passado.

Mas se, por todas estas razões, não se pode pensar em *explicar* Virgílio e Horácio através de Augusto e Mecenas, não é menos verdade que ambas as evoluções se processaram lado a lado: além do mais, é ainda possível que os mesmos factores tenham actuado sobre uma e outra, se for verdade, tal como tentámos demonstrar, que a revolução política de Augusto não foi simplesmente a conquista brutal do poder por uma facção de ambiciosos, mas o «repor da ordem» e como que a redescoberta de determinados valores espirituais essenciais ao espírito romano. É seguro que, antes de entrar em contacto com Mecenas, Virgílio era um «cesarista». A belíssima *V Écloga,* que canta a morte e a apoteose de César e que foi composta, muito provavelmente, a partir do ano 42, aquando da primeira reconciliação entre Octávio e António, não é uma obra de «propaganda», e nada deve a Mecenas. Nela, Virgílio exprime apenas a sua fé na missão divina de César, herói «pacífico», morto demasiado cedo para ter podido levar até ao fim a sua tarefa, mas acompanhado pelos lamentos da natureza inteira e recompensado com a imortalidade. A *IV Écloga,* escrita dois anos mais tarde, ainda não fará mais do que retomar temas afins: o século que vai nascer verá o triunfo da paz, graças à concórdia enfim restabelecida entre os dois herdeiros de César. Nem António nem Octávio tinham o poder de suscitar esta fé messiânica que refulge no poema. Esta fé existe no exterior deles; tem a sua origem em crenças antiquíssimas e em doutrinas elaboradas de há longa data. Que os dois homens de Estado – Octávio, sobretudo, aconselhado por Mecenas – tinham procurado tirar proveito deste ímpeto de entusiasmo é algo bem certo, mas é bastante duvidoso que um ou outro tenha encomendado ao poeta este canto de esperança. O próprio facto de a peça ser dedicada a Polião, partidário ostensivo de António, mas cuja atitude não tinha deixado de revelar ambiguidade no decurso da crise que antecedeu a paz de Brindes, impede de pensar que Virgílio tenha sido aqui mais apenas o instrumento de Octávio e do seu grupo. Parece, pelo contrário, que Virgílio, ao escolher Polião, quis evitar tomar partido entre os dois protagonistas: cesarista convicto, Virgílio sustenta-se numa corrente independente de opinião e não está ainda ligado a ninguém.

Esta independência dos poetas congregados em torno de Mecenas é talvez o traço mais marcante de todo este período. Mecenas teria desejado que um deles, pelo menos, cantasse as façanhas guerreiras de Octávio. Adivinha-se a sua insistência pelas desculpas que lhe dirigiram sucessivamente Virgílio, Horácio e Propércio. Que outros componham a epopeia esperada – dizem. Quanto a eles, a sua musa é demasiado fraca, a sua inspiração demasiado escassa: Virgílio, no tempo das *Bucólicas,* sustenta que matérias tão grandes não convêm muito ao cálamo de um pastor; mais tarde, esboçará realmente o projecto de um «templo de Octávio», mas será para melhor se desculpar por voltar para o meio dos camponeses. Por fim, quando se dispõe a escrever uma epopeia, é aos tempos heróicos, anteriores à própria Fundação de Roma, que vai buscar a sua temática. Por três vezes o poeta desobedeceu às ordens de Mecenas. Horácio apresenta desculpas mais fáceis. O seu talento apenas se adequa a cantos ligeiros. Sabe elogiar o amor, o vinho, o ócio, a sombra das parreiras, ou ainda ironizar sobre os ridículos dos seus contemporâneos. E quando Augusto lhe pede que se coloque oficialmente ao seu serviço e ocupe junto dele as funções de secretário, recusa, confessando sem rodeios que às honras da corte prefere a sua propriedade da Sabina. No tocante a Propércio, em quem Mecenas havia também depositado a sua esperança, não se mostra mais dócil: como é que ele, que só conhece os combates do amor, teria a audácia de forçar o seu talento e de cantar a guerra? O deus do Cinto(ⁱ), Apolo, não lho consentiria, e mais vale ficar calado do que compor uma obra indigna do seu objecto. Portanto, se Mecenas tinha a ambição de dirigir os poetas do seu grupo, reconhecemos que não o conseguiu plenamente e que a literatura augustana não viu nascer a grande epopeia política que ele ansiava e que teria celebrado as vitórias do príncipe. Alguns anos antes, Cícero havia aprendido às suas custas que é difícil contrariar a inspiração dos poetas e, ele que desejava tanto a composição de um canto heróico à glória do seu próprio consulado, teve que se resignar a ser ele mesmo a empreender tal tarefa. As únicas epopeias a serem então escritas sobre matérias contemporâneas, a *Guerra de Alexandria* de Rabírio e a *História romana (Res Romanae)* de Cornélio Severo, são obras menores, depressa esquecidas e que nada acrescentaram à glória de Augusto.

No entanto, se os poetas amigos de Mecenas se recusaram a aceitar cegamente as instruções do seu protector, tal não quer dizer que a acção deste tenha sido insignificante. Ela exerceu-se inicialmente de forma material. Virgílio e Propércio tinham ficado arruinados com as guerras civis. O primeiro havia (sem dúvida) perdido a sua propriedade de família na Cisalpina, e o segundo aquela que possuía perto de Assis, na Úmbria. Horácio fora espoliado dos modestos meios de subsistência que lhe

---

(ⁱ) O Cinto é um monte em Delos, local do nascimento dos deuses Apolo e sua irmã Ártemis (a Diana romana) (*N. do T.*).

haviam sido legados por seu pai, o liberto de Venúsia, na Apúlia; alistado, quando se achava em Atenas, no partido de Bruto e Cássio, tinha tomado parte, contra António e Octávio, na batalha infeliz de Filipos. Regressado a Itália, levava uma vida obscura e pobre, trabalhando como escriturário (*scriba*) nos gabinetes dos questores, e expandia o seu rancor em pequenas peças satíricas de uma rara violência. A todos Mecenas proporcionou segurança e subsistência. Deu-lhes, além disso, bens ainda mais preciosos, a sua amizade e o sentimento da sua dignidade. Várias vezes Horácio insiste na gentileza e na verdadeira cordialidade das relações no interior do grupo. Aí nenhuma rivalidade, nada dessas invejas secretas tão frequentes nas agremiações literárias. O que Mecenas a um dá ao outro não tira. Da parte do «senhor», nenhuma condescendência, mas o respeito absoluto da liberdade pessoal. Mecenas era um cavaleiro; não descendia de uma grande família senatorial e toda a sua vida recusou entrar no Senado. Era, da sua parte, menos o sinal de uma modéstia autêntica do que o de um orgulho que o impelia a pôr-se à margem, a criar para si uma situação que não se impunha a quem quer que fosse. Do lado da mãe, descendia de uma família real da Etrúria. O reino dos seus antepassados já não existia, e Arrécio, a sua cidade, não era mais do que um município romano entre os demais; no entanto, Mecenas não deixava de manter a alma régia; profundamente aristocrata, comprazia-se em escrever pequenos poemas herméticos de que Séneca conservou alguns versos e que emitem uma sonoridade bem diferente da dos que compunham então os seus amigos. Mecenas era por gosto um poeta «preciosista» que detestava a turba, a glória vulgar e o vão ruído. Esta delicadeza inata empregava-a nas relações com os seus amigos e somente a sua presença bastava para banir toda a rivalidade e toda a inveja que, no seu convívio, teriam chocado como se fossem dissonâncias.

A personalidade de Mecenas explica, pois, em grande parte, uma das características essenciais da literatura augustana, e talvez aquela que mais contribuiu para a tornar numa literatura clássica: o seu sentido da medida e do gosto. As primeiras peças de Horácio, os seus *Epodos,* são, na maioria, anteriores à entrada do poeta no grupo; elas conservam ainda, pelo seu estro e violência, um sabor popular que não se voltará a encontrar, no mesmo grau, nas obras posteriores. O génio natural de Horácio impelia este Italiano do Sul à descrição mais viva e mais realista. Espontaneamente, tornara-se o continuador de Lucílio, que, um século antes, havia inaugurado a sátira literária. Porém, enquanto as *Sátiras* de Lucílio (tanto quanto se pode ajuizar com base nos fragmentos conservados) se mantinham próximas da sua origem popular e transmitiam a sensação da ruralidade italiana, as *Sátiras* de Horácio afectam um tom de boa convivialidade, e mesmo na liberdade dos remoques não era excessiva. Lucílio escrevia depressa, mas o seu estilo era estragado pela facilidade. Horácio recorre mais ao lavor e é a ele que se devem as máximas de que se reclamarão todas as épocas clássicas sobre a necessidade de polir e completar o trabalho. O aristocrata Mecenas não é, sem dúvida alguma, estranho a esta exigência de perfeição, ideal comum a todos os escritores do seu grupo, e em nome do qual Virgílio, morto antes de ter podido dar a última demão à *Eneida,* solicitará no seu testamento que se destrua a sua obra.

A acção de Mecenas, como se vê, foi exercida de forma subtil e diversificada; ela não foi, de forma alguma, uma qualquer «ditadura das letras», intransigente e autoritária, que impusesse palavras de ordem à maneira de um moderno «ministro da propaganda». Os seus amigos sofreram a sua influência, isso é inegável, mas frequentemente sem talvez eles mesmos disso se aperceberem. Esta influência consistiu sobretudo, em última análise, na vontade de considerar o poeta como um ser de excepção, que se deve proteger, libertar das necessidades da vida, deixar entregue a si mesmo, e a quem se pede que, em troca, dê uma expressão eterna aos sentimentos e às ideias que os restantes homens não experimentam e não concebem a não ser de forma

O SÉCULO DE AUGUSTO

obscura e imperfeita. Será a este título – de «mediador de um ideal» – que o poeta terá o seu lugar na Cidade, a que ele dará a consagração suprema da Beleza. Como todos os melhores entre os Romanos, Mecenas tem respeito pela Grécia; ele sabe bem que a verdadeira grandeza desta proveio, no passado, dos seus poetas e dos seus artistas, e que sem beleza nada existe de durável: a obra política de Augusto, por muito genial que ela fosse, não poderia escapar à lei comum; estaria votada a perecer se não ligasse o seu destino às únicas criações humanas capazes de atravessar os séculos. Afinal de contas, é até bastante indiferente que os poetas se recusem a cantar o próprio Augusto nos seus versos, se nestes versos se encontra não o elogio cortesão de um senhor, mas o espírito da «revolução» augustana, que ultrapassa infinitamente a própria pessoa de Augusto e procura a sua inspiração no sentimento quase religioso da grandeza e da missão de Roma.

*

* *

Há, sobretudo, uma obra que domina o século de Augusto e o exprime, uma obra que, mal foi publicada, era já um clássico, que os estudantes aprendiam de cor e da qual mãos inábeis rabiscaram versos em todos os muros, mesmo nas cidades mais remotas do Império: a *Eneida* de Virgílio. Foi iniciada pouco tempo depois de Áccio, e sem dúvida a pedido de Mecenas, talvez do próprio Augusto. As *Geórgicas* haviam provado que o génio de Virgílio estava à vontade na epopeia, e a epopeia continuava a ser o grande género por excelência, aquele que, desde Homero, se reputava conferir infalivelmente a imortalidade. A composição da *Eneida,* começada cerca de 29 a.C. e interrompida em 19, com a morte de Virgílio, pouco tempo antes da sua conclusão, é contemporânea da formação do principado e, mesmo ao construir os fundamentos do seu edifício político,

Augusto interessava-se pelos progressos do poema. Quando se encontrava na Hispânia, escrevia a Virgílio a pedir-lhe que lhe enviasse notícias do seu *Eneias*. Virgílio desculpava-se, alegando a enormidade da tarefa empreendida. Mas Augusto impacientava-se e pedia-lhe que se apressasse, como se a sorte do regime dependesse da diligência do poeta. Custa a acreditar que tal não passasse de impaciência de letrado. É certo que Augusto contava com a *Eneida* para o ajudar na reorganização do poder.

O poema, com efeito, apresenta a justificação mítica da vocação dos *Iulii:* um passo famoso da *Ilíada* havia outrora registado a promessa solene feita pelos deuses a Eneias. Após a destruição de Tróia, e o fim da raça de Príamo, o poder retornaria a ele e a seus descendentes, que obteriam o Império do mundo. E existia uma velha crença, viva na própria Roma, mas também em outras regiões de Itália, segundo a qual a profecia homérica encontrara a sua concretização na extraordinária fortuna concedida pelos deuses aos Romanos. A tradição pretendia, efectivamente, que a cidade tivesse sido fundada pelo próprio Eneias, fugido de Tróia e chegado a Itália com alguns companheiros. Virgílio não inventou esta lenda, que, antes dele, havia já sido objecto de tratamento por Névio, na sua epopeia sobre a *Guerra Púnica,* e que encobre provavelmente a lembrança de antigas migrações de Oriente para Ocidente, ocorridas talvez por volta do segundo milénio a.C. Fossem quais fossem as origens e as formas assumidas pela lenda, a matéria escolhida por Virgílio tinha a vantagem de religar directamente a Roma imperial ao passado mais longínquo e mais prestigioso do mundo helénico. A *Ilíada,* da qual se disse, com razão, que constituía a «bíblia» do pensamento grego, figurava assim como a caução da grandeza romana: os Romanos deixavam de ser os conquistadores ávidos, senhores do universo apenas pela força das armas, para se converterem nos instrumentos de um Destino ou, se se preferir, de uma Providência que dá curso aos seus desígnios após mais de dez séculos. A dominação que eles exerciam sobre as cidades gregas mais não era do que uma justa vingança; a tomada e o saque de Corinto expiavam a ruína de Tróia e a morte sacrílega de Príamo. E, da mesma feita, todo o rancor, nos vencidos, se tornava injustificado. O que uma tal «justificação» da conquista romana tem para nós de ilusório (pois é-nos difícil considerar as epopeias de outro modo que não seja como jogos gratuitos de poetas) não o parecia aos olhos dos Antigos, para quem História e Mito não estavam separados por fronteiras bem nítidas: Aquiles era para eles tão real como Aníbal, tal como Filopémen ou Alexandre relativamente a Menelau. A epopeia virgiliana, ao dar uma forma perfeita a estas tradições, de alguma maneira gravava para sempre, como uma inesquecível lição de história, a narração dos acontecimentos que legitimavam o Império.

Virgílio dava deste modo resposta a uma das principais preocupações de Augusto. Tal como as *Geórgicas* haviam sido um poderoso instrumento da reconciliação entre Roma e a Itália, assim também a *Eneida* haveria de servir para reconciliar as duas metades do Império. Por várias vezes, no decurso de guerras civis, parecera que o mundo romano tendia a separar-se em duas metades: de um lado, as províncias orientais; do outro, os antigos reinos helenísticos. As três grandes batalhas que haviam restabelecido a unidade comprometida, Farsália, Filipos e Áccio, foram travadas na charneira, no ponto de encontro entre o Oriente e o Ocidente. Quanto tempo conseguiria ainda Roma manter a balança equilibrada entre estes dois poderios, que separavam tantas causas discordantes, a diferença de línguas, de civilizações, de tradições políticas, das crenças religiosas? Era necessário à viva força provar ao mundo romano que Roma não era estranha ao helenismo, mas que lhe estava unida por uma comunidade de origem e de cultura. A este respeito, a filiação troiana revelava-se particularmente preciosa, se se pudesse demonstrar que Roma, como as cidades gregas, proviera desta antiga comunidade espiritual descrita por Homero. Por várias vezes também, Virgílio insiste nos laços que unem Eneias a este ou àquele príncipe grego. E é sem dúvida aqui que reside a razão que o levou a imaginar, no Livro VIII do seu poema, o belo episódio de Evandro.

Eneias, partindo de Tróia e errando interminavelmente pelo mar, acaba enfim por desembarcar no Lácio, na embocadura do Tibre. De início, é bem acolhido pelos indígenas e pelo seu velho rei Latino, mas o ressentimento de Juno suscita contra ele a hostilidade de parte da população, na sequência de um infeliz incidente, e a guerra ameaça. Eneias tem que encontrar aliados. Não sabe a quem pedir auxílio, quando uma visão lhe ordena que suba o rio até se lhe deparar uma cidade grega. Obedecendo, Eneias empreende a viagem e em breve chega ao local da futura Roma. Aí é recebido, com todas as formas de amizade, pelo rei Evandro, um arcádio outrora expulso de sua pátria e que fundou nestes lugares a cidade de Palanteu. Palanteu é uma cidade puramente grega; ocupa a colina natal de Augusto, o Palatino e, antes mesmo da fundação de Roma, adivinham-se já os sítios predestinados daquela que se tornará a Rainha das Cidades. Ora sucede que Evandro foi outrora hóspede de Anquises, o pai de Eneias. Os dois homens renovam estes laços sagrados e comungam de um sacrifício solene a Hércules, ao mesmo tempo herói grego e romano. Evandro promete a Eneias enviar-lhe um contingente de cavaleiros, à cabeça do qual põe o seu próprio filho, Palante. No momento da partida, o velho rei tem o pressentimento de que Palante não regressará. No entanto, ele não deixa de o fazer. A aliança entre os Arcádios e os Troianos será selada com o sangue do jovem varão: o ódio oriundo dos combates em torno de Tróia não é inevitável entre as duas raças. Houve já, no passado, um tempo em que ambas se uniram numa luta comum contra os povos bárbaros. Evandro e Eneias representavam a civilização, a ordem, o sentido das leis, a devoção – tudo quanto Roma trouxe ao mundo e que possui em comum com as cidades gregas. O poema contém como que uma exortação secreta ao prosseguimento da tarefa começada nos tempos lendários: longe de sufocar o helenismo, o Império mais não fez do que exaltar nele o sentido da sua verdadeira missão.

Porém, ao escolher a personagem de Eneias, Virgílio tinha ainda uma outra intenção. Eneias, filho de Vénus e de Anquises, era o antepassado da *gens Iulia,* de que descendiam César e Augusto. Da sua união com Creúsa nascera um filho, chamado Ascânio nos poemas homéricos, mas que a tradição italiana conhecia sob o nome de *Iúlo.* Fora este menino que – dizia-se – havia fundado a cidade de Alba, metrópole de Roma e pátria de Rómulo e Remo. Ele tornara-se, por seu turno, o antepassado de uma longa linhagem de que o último representante era César. Assim, a promessa feita pelos deuses a Eneias encontrava o seu pleno cumprimento no principado de Augusto: sem dúvida que, e num certo sentido, todos os Romanos eram «filhos de Eneias», mas o filho de Eneias por excelência era Augusto, cuja missão divina, no fim de contas, estava assegurada pela profecia homérica. Compreende-se a impaciência manifestada por Augusto, por volta de 23 a.C., quando tentava fundar o seu principado na continuidade de uma dinastia: era indispensável que o poema viesse justificar a fundação desta. A adopção de Marcelo, a celebração dos Jogos Seculares teriam que coincidir com a publicação da obra chamada a iluminar esta política dinástica e a conferir-lhe a garantia suprema da Revelação. Virgílio, ao escrever a *Eneida,* não traía as suas próprias convicções; ele permanecia fiel à mística cesarista que animava já a *Écloga de Dáfnis,* e é talvez por isto, por causa desta profunda sinceridade, que ele tão bem serviu as intenções de Augusto e contribuiu para fornecer tão sólidos fundamentos espirituais ao regime imperial.

*

*   *

Enquanto a *Eneida* não passava ainda de um projecto, já Propércio a anunciava ao mundo, afirmando: «Eis que nasce uma obra maior do que a *Ilíada*». E, alguns anos mais tarde, ele mesmo começava a compor uma série de poemas dependentes da mesma inspiração. No entanto, até aí, as suas *Elegias* pareciam estar bem afastadas do estilo épico. Os três livros que publicara não continham muito mais do que um longo grito de paixão: paixão por vezes feliz, mais frequentemente dolorosa, por uma liberta, que ele designa pelo nome de Cíntia. E eis que, a partir de 20 a.C. aproximadamente, no decurso dos anos «de viragem» do reinado, a sua inspiração muda; ele não cantará muito mais, doravante, do que antigas lendas romanas. Mas não as escolheu ao acaso. Todas elas se reportam a temas essenciais da ideologia augustana. É assim que o primeiro poema do Livro IV é consagrado ao Palatino, a colina sagrada do novo regime: foi lá que Rómulo tomou os auspícios antes da fundação, era lá que se erguia a sua pobre morada, lá também nasceu Augusto e se eleva o templo do seu divino protector, Apolo. E precisamente o poema central do livro, o sexto, celebrará este santuário augustano por excelência. Nela se vê o deus fulminar com suas flechas os navios de António nas águas de Áccio; ouvimo-lo profetizar e prometer a Augusto, «maior que os seus antepassados Troianos», a vitória e, através dela, o império do mundo. Esta peça (posterior ao ano 20 a.C., pois nela se faz alusão à rendição perante os Partos dos estandartes de Crasso, que data desse ano) destina-se aparentemente a preparar os Jogos Seculares de 17, que foram celebrados numa atmosfera nitidamente apolínea.

Podem encontrar-se no Livro IV de Propércio alusões às preocupações de Augusto. Por exemplo, a belíssima elegia de Tarpeia não se explica a não ser na perspectiva da mística cesarista. Tarpeia, traidora a Roma, abre ao belo Tácio, rei sabino, o acesso da cidadela; e, não obstante, Tarpeia tornou-se uma heroína nacional. É que a sua transgressão permitiu a fundação do reino duplo, simultaneamente sabino e romano, e a chegada a Roma dos *Marcii Reges,* antepassados de César, do lado materno, tal como o próprio ditador havia outrora recordado, ao pronunciar a oração fúnebre de sua tia Júlia: «Pelos Júlios, a nossa família remonta a Vénus; pelos Márcios, remonta aos reis». A elegia de Propércio ilustra esta dupla pretensão e esforça-se, como fazia a *Eneida,* por decifrar no passado mais longínquo de Roma as «figuras» que anunciem e assegurem o presente. Mas Propércio não esquece, de forma alguma, que o seu talento o impele a pintar sobretudo os movimentos da alma e todos os cambiantes do amor. Ora sucedeu que Augusto procurou reformar os costumes e devolver a dignidade aos sentimentos familiares. Duas elegias serão pois consagradas a cantar um amor legítimo: a tocante carta de Aretusa a Licotas e o elogio de Cornélia. A primeira é dirigida por uma jovem romana – cujo verdadeiro nome é dissimulado sob o pseudónimo grego de Aretusa – ao marido, a que o poeta chama Licotas e que as necessidades de uma carreira militar afastam dela por demasiado tempo. Toda a ternura que o poeta dispensava outrora a Cíntia se encontra nesta alma de jovem mulher, mas é uma ternura que ousa afirmar-se, porquanto se sabe legítima. Propércio procurou aqui a reconciliação da poesia amorosa tradicional (escrita, a maior parte das vezes, em honra de libertas ou de cortesãs) e do amor conjugal, sobre o qual o pudor romano fazia geralmente silêncio. A última elegia da compilação, por fim, é apresentada como uma prece dirigida por uma morta, Cornélia, a Paulo, seu marido. Cornélia, filha de um primeiro casamento de Escribónia, fora, portanto, a enteada de Augusto. Propércio celebra nela todas as virtudes características da grande dama romana. Assim termina o livro das *Elegias,* iniciado entre as desordens da paixão, sobre uma espécie de palinódia do poeta, e a afirmação de que a verdadeira grandeza não reside no amor ilegítimo, mas na observância estrita e digna dos deveres familiares.

*

*   *

Preocupações morais e também políticas e nacionais estão igualmente presentes na obra de Horácio. Entre as «anexações» sucessivas dos géneros gregos, operadas no decurso das gerações precedentes pela poesia romana, apenas faltava ainda o lirismo coral. Não havia um Píndaro latino. A ocasião parecia boa para preencher esta lacuna. Se Píndaro havia adquirido uma glória imortal por cantar os cavalos e os aurigas vitoriosos, os pugilistas e os corredores, não seria mais fácil celebrar os triunfos romanos? Tantas façanhas cumpridas sobre os campos de batalha seriam indignas de inspirar os poetas? Horácio parece ter pensado nisso mas, até ao tempo das suas últimas *Odes,* com alguma mágoa não utilizará o estilo pindárico: sem dúvida que se resguarda do desejo de rivalizar com o autor dos grandes *Epinícios* e receia ter, ao querer elevar-se demasiado alto, o destino de Ícaro, que uma autoconfiança excessiva precipitou nas ondas do mar; mas os próprios termos em que exprime esta desculpa não deixam de lembrar o jeito de Píndaro. E era, certamente, bem tentador retomar as imagens resplendentes, o tom profético, a liberdade do ritmo que magnificam as mais ínfimas matérias e conferem ao poema ao mesmo tempo uma dignidade religiosa e uma magnificência régia. No entanto, Horácio não cedeu; não utilizou qualquer imitação, e os mais pindáricos dos seus desvios não vão além do molde um tanto estreito da métrica eólica. É isto simples modéstia? Deve acreditar-se no poeta quando pretende «segundo o hábito e a maneira da abelha do Matino[ii], colher com esforço o pólen do doce tomilho, à volta de frondoso bosque e das húmidas ribas do Tíbur, para compor modestamente laboriosos versos»[1]? Adivinhamos que ele fosse bastante capaz de

---

[ii] O Matino é um monte da Apúlia (*N. do T.*).

[1] *Odes* IV.2.27-32.

se elevar mais alto, mas a sua consciência de artista deixava-o entrever que a língua latina não se prestava, a não ser muito mal, aos jogos métricos de Píndaro. As construções rítmicas deste, cuja estrutura começava já por não ser muito clara mesmo para os metricistas de ofício, teriam seguramente confundido os ouvidos romanos. Havia em Píndaro um sucesso que não era inseparável da língua grega. Além disso, o movimento, as imagens, a evocação por vezes tumultuosa dos mitos, fosse qual fosse a sua beleza própria, conservavam qualquer coisa de estranho às tendências profundas e ao gosto geral da época augustana. Veremos, a propósito da escultura, que se preferiam na época as atitudes calmas, mais próximas da natureza comum, marcadas ao mesmo tempo de realismo e serenidade. Por todas estas razões, um poeta clássico romano não podia «pindarizar». Horácio teve a felicidade de encontrar outros modelos nos líricos gregos. Aos poetas eólios, a Safo, Alceu, Arquíloco, deverá ele os seus ritmos preferidos, as suas estrofes de forma fixa, de desenvolvimento simultaneamente simples e oratório.

As fontes preferidas da inspiração horaciana são idênticas às utilizadas pelos poetas eólios. Horácio, como eles, canta o amor, os prazeres da mesa e do vinho, a amizade e os pequenos incidentes da sua vida. Exortação à fruição da vida, sem preocupação com um amanhã que talvez nos venha a escapar, aceitação da morte – a dos outros tal como a própria – nada, em tudo isto, parece de início estar próximo dos grande temas augustanos. Todavia, apercebemo-nos bem depressa de que estes poemas não são mais do que graciosas variações sobre um sentimento único: a felicidade de viver. É esta felicidade, de que os Romanos haviam perdido até a recordação durante o longo pesadelo das guerras civis, que lhe fora enfim restituída juntamente com o restabelecimento da paz. Desde o início da compilação, este poemas são um hino de reconhecimento ao herói que soube, após tantas desgraças, devolver a alegria ao universo. A promessa de Apolo foi cumprida: a Idade de Ouro voltou à terra. No dia da consagração do templo do Palatino, Horácio dirige uma prece ao deus; não lhe pede riqueza, nem searas imensas ou rebanhos incontáveis, mas o tempo para desfrutar os seus modestos meios de subsistência, a saúde do corpo e do espírito, e sobretudo deseja ser poupado ao desgosto de arrastar uma velhice insuportável que o privaria da lira. As *Odes* de Horácio são, antes de mais, os cantos de alegria e reconhecimento que a humanidade inteira eleva em direcção de Augusto.

Como é próprio da poesia do momento que passa, os grandes eventos contemporâneos também nela estão reflectidos. Horácio celebrou com um vigor agreste a morte de Cleópatra, a coragem inumana da rainha segurando na mão a serpente graças à qual escapará à ignomínia do cortejo triunfal. Noutro passo, formula votos por Augusto, que projecta (ou parece projectar) uma expedição contra os Árabes e uma outra contra os Bretões. Por fim, ele atribui, por vezes, a Juno palavras proféticas que confirmam a Roma o império do mundo, na única condição de que demasiada piedade não conduza os Romanos a reerguer as muralhas de Tróia – palavras que não seriam muito claras se a opinião pública não tivesse, por um instante, atribuído a Augusto a intenção de transferir para o Oriente a capital do Império e se o poeta, que toda a gente sabia ser familiar de Mecenas e do príncipe, não houvesse escrito esta ode para dar destes rumores um desmentido oficial. Este não é, de resto, o único poema em que Horácio assume um tal papel. Todo o princípio do Livro III das *Odes* é consagrado a uma verdadeira exposição das reformas morais que só mais tarde Augusto realizará. Aqui, o poeta antecipou-se ao legislador, e é bastante certo que Horácio se atribuiu (ou recebeu) a tarefa de preparar a opinião pública para as leis sobre o casamento e a família e para a quase obrigação em que se veriam em breve os senadores de se casar e ter filhos. Tal como Propércio com a elegia consagrada a Cornélia, Horácio deu voluntariamente a sua contribuição para a obra de restauração moral empreendida por Augusto.

Foi a Horácio enfim que coube a honra de compor o hino cantado por um coro de vinte e sete rapazes e vinte e sete raparigas aquando da celebração dos Jogos Seculares, em 17 a.C. Este hino, dirigido a Apolo e a Diana, é uma longa prece para obter a prosperidade. Pode ser considerado como o ponto mais alto do lirismo horaciano: a simplicidade de expressão, adequada a uma prece infantil e em conformidade também com o tom habitual das invocações litúrgicas romanas, que mantêm sempre como que um acento popular, não prejudicam a plenitude das imagens. É, verdadeiramente, a antiga tradição da devoção romana que parece fazer renascer, com as suas abstracções personificadas, a Boa Fé, a Paz, a Honra e a Pureza, como eram adoradas pela religião de antanho. Ao ler estes versos, esquecemo-nos que Apolo é um deus estrangeiro, recentemente introduzido no ritual dos jogos seculares; a arte do poeta soube dar-lhe, como numa perspectiva que dá a ilusão da realidade, uma característica de antiguidade. Tal é realmente o papel consignado por Augusto e Mecenas à poesia: ornar as realidades políticas com os encantos do sentimento e da beleza. Ambos sabem bem que os homens são incapazes de se submeter à simples razão. As leis podem coagir; somente a poesia possui o dom de persuadir e cativar os corações.

*

*   *

A inspiração propriamente «augustana» não esgota, contudo, toda a obra de Virgílio, Propércio e Horácio. Nem sempre foram, até ao fim, submissos às instruções de Mecenas, nem este era demasiado insensato para os impedir de seguirem, por vezes, as suas próprias tendências e de escreverem apenas para seu próprio prazer. Augusto bem se podia irritar pelos atrasos que Virgílio levava para concluir a *Eneida,* que o poeta não se demorava menos no relato dos amores de Dido e Eneias ou na da morte de Euríalo. Estas «evasões» eram a condição necessária para que toda a obra ficasse equilibrada e harmoniosa. Não imaginamos os poetas do círculo de Mecenas como se fossem estudiosos debruçados diligentemente sobre a sua tarefa. Quando Horácio, por vezes, já não podia suportar Roma, refugiava-se na Sabina, na propriedade que recebera de Mecenas, para aí viver a vida de camponês. Mas Mecenas não se melindrava; isso mais não fazia do que tornar mais convincentes os discursos do poeta em favor da simplicidade rústica. E se ele viesse a gabar um pouco mais livremente os encantos de alguma jovem liberta, ninguém se lembraria de o pôr em contradição consigo mesmo quando ele se fazia o advogado das virtudes familiares. Todos sabiam, com efeito, que as classes sociais não se atinham todas à mesma virtude. O recurso às libertas teria sido indecente em casa de uma matrona, mas Augusto nunca havia pensado proibir os prazeres que não corressem o risco de trazer a desonra para as famílias romanas. Não há nisso hipocrisia alguma, mas uma distinção tolerada pelos costumes e que teria sido vão querer suprimir, mesmo se tal tivesse sido concebível. Propércio lamentará abertamente que as leis de Augusto o afastem de Cíntia, quer obrigando-o a contrair um matrimónio com uma senhora da sua própria condição, quer proibindo-o de se casar com a sua amante; e ele inserirá no Livro IV das *Elegias,* entre poemas de temática romana, alguns quadros bastante vívidos que provam claramente que a sua paixão havia sobrevivido à sua «penitência». Apercebemo-nos também, no fim de contas, que a unidade de pensamento que nos esforçámos por destacar nas obras dos três maiores poetas da época augustana não exclui, de modo algum, nem a diversidade nem sequer a independência. Além do mais, como é que estes poetas teriam podido alcançar a originalidade e a verdadeira grandeza se, no fundo de si mesmos, eles não fossem livres?

E, além disso, o círculo de Mecenas não englobava todos os poetas de valor. Pelo menos dois, Tibulo e Ovídio, lhe escapam:

um, porque estava ligado a um outro patrono; o outro, porque era por natureza impelido a fugir a todas as influências. Tibulo, descendente de uma família de proprietários abastados do Lácio, tinha, também ele, ficado arruinado com as guerras civis, e ligara a sua fortuna à de Valério Messala Corvino, que, depois de ter combatido em Filipos, tinha por fim aderido ao partido de Octávio. Um pouco antes de Áccio, Tibulo preparava-se para seguir o seu protector, que se juntava às forças de Octávio, quando uma doença súbita o reteve em Corcira. Mas, regressado a Roma, e completamente restabelecido, pode seguir Messala na Aquitânia e participar na vitória do amigo sobre os rebeldes. No seu regresso, abandona a vida activa e, contrariamente aos amigos de Mecenas, não contribui muito para a formulação da ideologia augustana. Ele haveria de morrer poucos meses depois de Virgílio. De Tibulo resta-nos sobretudo um livro de *Elegias* amorosas a que (à excepção de uma peça consagrada ao santuário de Apolo Palatino, em que aparecem temas virgilianos) não se seguiram, como no caso de Propércio, poemas de inspiração nacional.

Como Horácio, Tibulo conservou das suas campanhas o horror da guerra. Ainda que se tivesse conduzido com valentia, não tem palavras suficientemente duras para o primeiro homem que forjou uma espada. No entanto, o grande desejo de paz que dele se apodera em nada se assemelha ao sentimento horaciano. Aquilo que, em Horácio, é alegria e sentido do instante fugidio converte-se, em Tibulo, em nostalgia dolorosa de uma felicidade simples. Retido como prisioneiro, tal como ele mesmo confessa, «nos grilhões» de uma jovem mulher (que ele designa nestes versos pelo pseudónimo de Délia), renuncia por ela à glória, e percebe-se que isso lhe custa. Mas, para além do amor e das satisfações ilusórias que lhe oferece Délia, entre duas traições, o que ele deseja acima de tudo é a plenitude que somente uma vida inteira passada nos campos lhe poderia trazer. Propércio, ele mesmo apaixonado, soube marcar os momentos mais fugidios e todos os frémitos da sua paixão por Cíntia. Em comparação, o amor de Tibulo parece-nos bastante monótono, e dificilmente se pode escapar à impressão de que em Délia ele ama menos a mulher ou a amante do que a companhia ideal destes dias felizes com que ele sonha. A meia distância entre Virgílio e Propércio, Tibulo está dividido e fraccionado entre duas tendências que são as do seu tempo. Socialmente, ele pertence ao mundo frívolo dos jovens elegantes, dispostos à galanteria e ao prazer. Esta Délia, que o tortura, é bem conhecida de Horácio, que não se atormentaria demasiado com as suas traições; ele o diz a Tibulo em alguns versos ligeiros: «Álbio[iii], não sofras mais excessivamente, ao recordares a crua Glicera, nem continues a cantar elegias magoadas, porque, mais jovem do que tu, que foste traído na tua fidelidade, um outro te ultrapassa»[2]. Excelentes conselhos, certamente, mas Tibulo é incapaz de semelhante leviandade. Ele sonha ver Délia desempenhar o papel de fazendeira e reencontrar as virtudes das antigas matronas. Todo o drama de Tibulo está neste contraste, que é também, em alguma medida, o de toda a Roma. Como Tibulo, os Romanos gostam de suspirar pela felicidade dos campos, pela devoção simples do camponês que, todos os meses, oferece aos Lares o incenso e as flores e observa religiosamente as festas rústicas. Mas, também como ele, estes mesmos Romanos são incapazes de se subtrair verdadeiramente aos prazeres da cidade e de aceitar a outra metade da vida de camponês, que é feita de lavor, de privações e de inquietações.

Este mal-estar profundo, Virgílio e Horácio conseguem dissimulá-lo; mas ele não é menos real na sua própria obra: estes pastores, estes camponeses, este «filósofo», que elogiam os encantos de uma vida simples e a grandeza das virtudes primitivas, são na realidade os filhos de uma civilização que deve quase tudo do que é seu aos requintes do helenismo. A sua simplicidade é labo-

---

[iii] Aulo Álbio Tibulo é o nome completo do poeta *(N. do T.)*.

[2] *Odes* 1.33.1 e seg.

riosamente adquirida; ela é a suprema liberdade do artista, não um balbuciamento de uma musa campestre. A Natureza de que eles nos falam não é a selvajaria primitiva, mas o jardim figurado à imagem desta selvajaria, tal como que se imagina. A política de reformas morais empreendida por Augusto pretendia, também ela, restaurar os «valores» que se garantia terem sido os dos Romanos de outrora, antes de a conquista do mundo haver feito de Roma a capital de um Império helenístico e atraído a ela riquezas e ideias incompatíveis com este velho ideal de simplicidade, feito de ignorância, de penúria, tanto quanto de «virtude». Poetas e moralistas podiam de igual forma sonhar com um «retorno» aos costumes de antanho, e no seu sonho entrava muita complacência, imaginação e também ilusão. Uns, como Horácio e Virgílio, sabiam ser convincentes, pela força da arte; outros, como Tibulo, eram menos hábeis e sofriam por não poder concretizar na sua vida este ideal impossível.

*

* *

Com a poesia de Ovídio, cumpriu-se a separação. Ovídio, que, na juventude foi amigo e como que discípulo de Tibulo, não se envergonha de não passar de um poeta mundano. Liga-se de forma consciente a esta escola dos *Neoteroi* (os *Novos),* florescente ao tempo de Catulo e repentinamente eclipsada pelos amigos de Mecenas. Os *Neoteroi,* menos preocupados do que Virgílio e Horácio em manter na poesia latina um acento nacional, declaravam-se abertamente discípulos dos Alexandrinos. O seu domínio por excelência era a poesia de amor, ou então tratavam com infinito cuidado temas menores, lendas raras, como o fizeram outrora Calímaco, Teócrito e Apolónio de Rodes. Fora entre os *Neoteroi* que Virgílio fizera o seu tirocínio de poeta e, das *Bucólicas* à *Eneida,* a sua influência permanece perceptível. Requinte alexandrino, também, esta exumação que Horácio faz da métrica do lirismo eólico. O próprio Mecenas, já o dissemos, era naturalmente inclinado a compor versos preciosistas e obscuros. Propércio, nos três livros de *Elegias,* e outro amigo de Virgílio, Cornélio Galo, nos quatro livros de *Amores* (actualmente perdidos), muito deviam à inspiração alexandrina e, ainda no início do seu Livro IV, Propércio afirma que não tem outra ambição que não a de se tornar o «Calímaco romano». Deste modo, o alexandrinismo nunca deixara de exercer a sua influência através de toda a poesia augustana, mas com Ovídio perde toda a contenção e domina a intregridade da obra.

Desde a sua juventude, Ovídio foi empurrado para a poesia por um ímpeto irresistível. Compunha versos com a maior facilidade e, era ele ainda aluno dos retores, não tinha rival ao abalançar-se em abundantes desenvolvimentos sobre temas históricos ou mitológicos. Infelizmente, não tinha grande coisa a dizer de original, e a sua inspiração continuou a ser sempre puramente literária, pelo menos durante o tempo em que foi feliz. Catulo, Galo, Propércio e Tibulo haviam cantado os próprios amores; quanto a si, cantará a sua paixão por Corina, mesmo se confessa que esta Corina nada tem de real, que ela é apenas um «objecto» imaginário, que deve um traço a esta, um outro àquela. Se Corina chora a morte de um papagaio favorito, é porque Catulo tinha antes escrito lamentações sobre o pardal de Lésbia. Formado na sociedade galante de Roma, Ovídio apenas sabe escrever sobre amor, sem nunca o ter talvez provado, sem nunca ter tido outra coisa a não ser «agradáveis aventuras», mas não uma verdadeira paixão. O que ele experimenta mais vivamente é o gozo dos sentidos, mas talvez não tão vivamente quanto a alegria de falar disso. Antes de ser um enamorado, Ovídio é um homem de letras. E compreendem-se as razões da profunda antipatia que lhe tinha Augusto.

Depois de ter cantado Corina, Ovídio desejou inovar. Para isso, imaginou fazer recuar no tempo os seus poemas de amor e pôr a falar os apaixonados da lenda. Escreveu então as *Heróides*, que são cartas imaginárias em que Penélope, Briseida, Fedra ou Dido se lamentam eloquentemente de terem sido abandonadas. O tema não era novo. Propércio havia já composto essa terna «carta de Aretusa a Licotas» que se insere no quadro das suas elegias romanas, e é seguro que Ovídio se inspirou neste modelo. Mas o que era novo era a exploração sistemática do processo. Do espírito alexandrino, as *Heróides* conservam um traço essencial, a «modernização» dos temas lendários. Penélope e Briseida sentem e falam como cortesãs do tempo de Augusto. O poeta não procura apenas atribuir-lhes uma psicologia verosímil, em relação com a sua época, mas diverte-se, pelo contrário, ao fazer delas mulheres «ordinárias», como se o anacronismo constante dos seus intentos fosse mais próprio do que qualquer outra tentativa de cor local para revelar nela os sentimentos eternos da alma feminina. *Heróides* têm muita malícia e, mais ainda, languidez e monotonia.

Mais tarde, Ovídio ousou apresentar-se como «mestre de amor» e compôs uma *Arte de amar* em três livros. Nela parodia, não sem humor, o tom doutoral dos tratados técnicos, então numerosos; os conselhos que ele dá revelam a sua longa experiência da galanteria e servem de pretexto a divertidos quadros de costumes. Se se perdoa a Ovídio a sua imoralidade inata, só se pode ficar fascinado pelo carácter absolutamente moderno destes esboços que, em outros tempos, se poderiam chamar «parisienses». Neles entrevemos, captados ao natural, todo o movimento de uma grande capital, que é também a capital do prazer; é o «baixo mundo» romano com os artifícios das mulheres, as suas rivalidades, as suas malícias, os bilhetes que se enviam em segredo, as criaditas no seu papel de alcoviteiras. Por vezes, Ovídio deixa a rua e penetra nas alcovas. Deixou, a par da *Arte de amar,* dois pequenos poemas que lhe deveriam servir como complemento: um deles trata da arte dos adornos, o outro, *Remédios de amor,* dos meios a utilizar para debelar as paixões.

O segundo destes poemas haveria, no entendimento de Ovídio, de remir o que *Arte de amar* poderia ter de perigoso e o seu instinto não o enganava. Sem dúvida que os costumes estão mais livres do que nunca. Há muitos divertimentos em Roma mas, à medida que o príncipe envelhece, o seu humor torna-se mais austero, e a própria liberdade de costumes corria o risco de provocar a sua cólera contra o poeta favorito das cortesãs e dos jovens elegantes. A *Arte de amar* apareceu, sem dúvida, por volta do ano 1 da nossa era, e foi no ano seguinte que rebentou, na corte de Augusto, um escândalo sem precedentes. Júlia, a própria filha do príncipe, a mãe de Gaio e Lúcio César, os «presumíveis herdeiros», é acusada de má conduta e exilada na ilha de Pandatária (Ventotene). O próprio Augusto instruiu o processo perante o Senado; citou factos agravantes; um dos amantes de Júlia, seu primo Julo António, foi condenado à morte e executado; quatro outras personagens da mais alta nobreza foram exiladas. É provável que a questão não fosse apenas um escândalo de costumes, mas que comportasse um aspecto político, que, na realidade, se tenha querido sufocar uma conjura nascente. Mas não era menos verdade que o pretexto oficial fora a má conduta de Júlia e que outra não foi a matéria do processo. Ovídio sentia bem que já não era o momento para a poesia galante. Lançou-se à tarefa de compor uma espécie de epopeia mitológica, cujo tema era a história das «metamorfoses».

Metamorfoses, a mais célebre obra de Ovídio, que não deixará de ser lida durante toda a Idade Média, apresenta-se, de forma assaz curiosa, como um vasto poema científico, que invoca Pitágoras e pretende ilustrar, com o recurso a relatos retirados da mitologia, a lei universal do futuro. Na realidade, esta ligação é demasiado fraca e cada episódio é tratado com toda a liberdade, o encanto e a facilidade de que o poeta era capaz. Nela encontramos uma série de quadros, muito frequentemente amorosos (Ovídio é incorrigível), tomados da erudição alexandrina, que também se tinha interessado por semelhantes histórias. Nos últimos livros, Ovídio aborda as lendas romanas e esforça-se por lhes conferir o encanto e a cor das lendas helenísticas. Empresa curiosa, para a qual ele estava preparado, através da redacção de um outro grande poema, a que chamou *Fastos* e que era consagrado às festas do calendário romano. Ovídio contava muito com os seus *Fastos* para voltar às graças de Augusto. A ideia central foi-lhe provavelmente dada por um verso de Propércio que se propunha cantar os velhos santuários de Roma. Mas Propércio não levou o seu projecto até ao fim. Mais não fez do que dar alguns exemplos, no Livro IV das *Elegias,* sem verdadeiramente empreender uma obra de conjunto sobre esta matéria. Ovídio, mais arrojado, lançou-se à obra de comentar, dia após dia, as diferentes solenidades do ano litúrgico. O calendário romano compreendia muitas festas bastante antigas, com ritos estranhos, cuja significação estava esquecida desde há muito tempo. No início do reinado de Augusto, um «antiquário», Varrão, procurara recolher as tradições ainda vivas e explicar crenças e costumes. O seu esforço fora encorajado por Augusto, preocupado em salvaguardar, do passado nacional, tudo quanto poderia reforçar o sentimento religioso e voltar a dar uma armadura moral a este povo que já não acreditava nos deuses. Tal como Virgílio e Propércio, Ovídio imagina os começos de Roma sob a forma de uma pastoral. Porém – e este é um contributo próprio de Ovídio –, Ninfas, Faunos e deuses nela se divertem livremente, como num idílio galante. A influência helenística, tão manifesta nas *Metamorfoses* e nas *Heróides,* faz sentir-se ainda aqui, ao ponto de, por vezes, mascarar e de tornar irreconhecíveis as lendas nacionais. Seria necessário uma outra tonalidade para agradar a Augusto. Ovídio não teve tempo para concluir o seu poema, que ficou interrompido depois do Livro VI. Em 8 d.C., por causa de uma falta imprecisa, o poeta foi degredado para Tomos, nas margens do Mar Negro. Oficialmente, Augusto censurava-lhe a imoralidade da sua obra passada, que foi proscrita das bibliotecas públicas. Mas porquê esperar tanto tempo?

O próprio Ovídio, nos versos que escreveu no exílio (os *Tristes* e as *Pônticas,* longos lamentos sobre os seus infortúnios), faz alusão a uma indiscrição de que ele teria sido culpado. O mesmo ano em que decorreu o exílio de Ovídio foi ainda marcado pelo degredo da segunda Júlia, a neta de Augusto, punida, tal como a mãe, também pelas mesmas razões. Devem os dois acontecimentos ser relacionados entre si? Pensou-se que Ovídio, para compor os seus *Fastos,* havia tentado violar o segredo dos ritos e assistir aos mistérios da Boa Deusa, que não deveriam ter nenhum homem por testemunha. Mas esta hipótese não tem fundamento. É bastante mais provável que Ovídio, cujas crenças pitagóricas estão comprovadas, tenha dado o seu contributo a operações de magia destinadas a predizer o futuro de Augusto[3] e que tenha sido este o crime que expiou ao ser forçado a residir, até à sua morte, longe de Roma, banido desta sociedade elegante que ele tanto amara e de que encarna quer os vícios quer o espírito.

*

* *

Quando tentamos traçar um quadro da literatura augustana, apercebemo-nos de que as obras poéticas ultrapassam muito as obras em prosa. Aos grandes poetas não se pode opor muito mais do que um único prosador, o historiador Tito Lívio. Isto é tanto mais digno de nota quanto, no período precedente, a balança havia estado quase equilibrada. No tempo de César, Salústio e Catulo, Lucrécio e Cícero – para citar apenas os mais importantes – provaram que o génio romano estava apto a cultivar um e outro género. Porquê então, tão subitamente, esta ruptura de equilíbrio, e esta primazia dos poetas?

---

[3] Ver J. Carcopino, *Convergences de l'Histoire et de la Littérature,* Paris, 1963.

Uma primeira razão, evidente, reside na mudança de regime político. O tempo dos grandes oradores passara. Com o fim da liberdade e das lutas do Fórum ou do Campo de Marte, os discursos perderam a sua importância. Deixaram de ser capazes de agir sobre as opiniões e de modificar o curso da história. A palavra tornara-se uma afectação vã, já não destinada a mover a multidão mas a adular os ouvidos de alguns conhecedores. A eloquência refugiara-se nas salas de declamação, degenera em retórica. Até então, os grandes oradores formavam-se pelo exemplo; os jovens escolhiam como mestre um homem político de renome e a ele se ligavam, partilhavam da sua vida, formavam a sua comitiva; pouco a pouco, afoitavam-se a aceitar causas diante do tribunal ou a pronunciar alguma arenga do alto dos Rostros[iv]. Agora, preferem confiar-se aos cuidados de retores profissionais que os fazem executar, na tranquilidade da escola, exercícios graduados[v]. Imaginam-se processos engenhosos, baseados em leis

---

[iv] Rostros (em latim *rostra)* eram os esporões dos navios capturados pelos Romanos aos inimigos nas batalhas navais. Quais troféus de guerra, ornavam com eles a tribuna donde, no centro do Fórum, os oradores se dirigiam às multidões. Daí que, por metonímia, o termo tenha passado a designar a própria tribuna (*N. do T.).*

[v] Trata-se dos chamados *progymnasmata* (proginasmas ou exercícios preparatórios, designados por Quintiliano, no fim do I século d.C. por *promordia dicendil,* série de exercícios de argumentação e composição literária (por exemplo: uma máxima, uma fábula, uma narração, um lugar comum, uma prosopopeia, uma descrição, uma refutação / confirmação, a argumentação de uma tese, entre outros) praticados nas escolas gregas de retórica desde aproximadamente o século II a.C. e, em solo latino, desde inícios do I a.C. É já em época imperial que encontramos este ciclo de exercícios como prática plenamente pedagógica instituída e apoiada em manuais compostos para o efeito, e que vigorou durante séculos. O mais antigo desses manuais chegados até nós deve-se a Élio Téon de Alexandria, de meados do século I da nossa era. Dos II-III séculos temos o de Pseudo-Hermógenes de Tarso e, do século IV, o de Aftónio de Antioquia, e ainda o de Nicolau de Mira, do século seguinte (*N. do T.).*

estranhas, e cada um se esforça por inventar exórdios mordazes, desenvolvimentos tanto mais aplaudidos quanto mais se afastam do bom senso. Os oradores que tivessem recebido esta formação poderiam alcançar êxitos, à guisa dos virtuosos, pois a eloquência já não era uma disciplina criadora, mas simples questão de ofício e de estilo.

Restava a história. Associada, nos tempos de Salústio e de César, às lutas políticas, ela podia prestar imensos serviços a Augusto. Um dos postulados do novo regime não era a necessidade de restabelecer, em todos os domínios, a «continuidade» das tradições romanas? Augusto estava disposto a acolher – e tinha o desejo disso – o historiador que soubesse destacar esta continuidade no passado, mostrar, por exemplo, a plasticidade das instituições em função das épocas e seguir passo a passo o esforço de Roma para ela mesma se definir, mantendo-se fiel a um único ideal e a uma única vocação. Tito Lívio empreendeu esta tarefa e escreveu, em cento e quarenta e dois livros, a história de Roma desde as origens até 9 d.C., e apenas a morte o impediu de prosseguir mais além. Deste conjunto, mais não possuímos do que trinta e cinco livros completos e, quanto ao resto, resumos muito incompletos, assim como fragmentos. Rompendo com o método dos historiadores da época imediatamente precedente, que se contentavam com escrever monografias consagradas a uma única guerra ou a um único episódio, bem definido, Tito Lívio retomou o modo da maioria dos antigos historiadores latinos, os Analistas, que relatavam, ano após ano, todos os acontecimentos ocorridos desde a Fundação de Roma até ao seu tempo. Porém – e está aí, essencialmente, a novidade – o relato de Tito Lívio é «orientado». Trata-se de explicar Roma, de a observar a viver e a lutar, de compreender as razões da sua grandeza bem como das catástrofes que sobre ela se abateram no tempo das guerra civis, de detectar enfim que razões de esperança o principado suscita. No entanto, ainda que, no fim de contas, ela sirva uma política, a obra de Tito Lívio não deixa de ser menos profundamente honesta. As fontes são, em certa medida, criticadas, comparadas entre si, preferidas segundo o critério (bastante subjectivo, é verdade) da verosimilhança. Os acontecimentos dolorosos ou pouco gloriosos não são dissimulados. Tito Lívio não aceita de olhos fechados as tradições sobre as mais antigas idades de Roma. Com muita frequência, a sua obra é o único testemunho que possuímos e, se ela não existisse, não somente a nossa ignorância seria ainda mais total do que poderia ser sobre determinados períodos da história romana, como também o próprio rosto de Roma não seria, aos nossos olhos, aquilo que ele é, e não poderíamos evocar com a mesma simpatia nem com o mesmo sentimento de uma íntima familiaridade os homens que, no passado, fundaram o seu Império. Liberta-se da história de Tito Lívio uma impressão de força e de vigor moral cujas lições permanecem válidas, à maneira de exemplos imperecíveis. Tito Lívio, sem dúvida, servia Augusto, mas apenas na medida em que este servia essa pátria profundamente amada.

Tito Lívio e Virgílio complementam-se um ao outro. Ambos trabalharam para «esculpir» uma imagem (talvez um mito) da alma romana, e esta imagem era precisamente aquela que desejava Augusto. Não resulta daqui que esta imagem tenha sido absolutamente falsa e arbitrária. O próprio Augusto encontrava os principais traços dela na tradição. Tal como Virgílio não inventou a lenda de Eneias ou Tito Lívio essas figuras rudes e vigorosas dos grandes homens de antanho, Augusto também não criou, com todos os seus elementos, um ideal romano. Ele existia, se bem que alterado, meio apagado já pelo esquecimento, pela evolução dos costumes, pelas transformações sociais e económicas. É inegável que a revolução augustana foi uma *restauração* e que, ao restituir Roma a si mesma, prolongou a sua vida por muitos séculos. E se, nesta obra de reconstrução espiritual, o principal papel parece ser assumido pela poesia, é porque, num tempo em que os livros custavam caro, em que o ensino fazia um largo apelo à memória, a leitura colectiva dos poetas, de que se aprendiam longos fragmentos desde a infância, constituía o essencial da formação moral. A *Eneida* foi, durante gerações e até ao fim da Antiguidade, o catecismo da juventude romana, o compêndio de uma fé no destino de Roma, que não sobreviveu apenas à ruína da dinastia juliana mas à própria ruína de Roma e a prolongou nos espíritos e nos corações quando ela já não era mais do que uma recordação. A poesia, por fim, é a linguagem dos deuses; possui uma natureza sobre-humana; a sua beleza, o seu ritmo, o seu encantamento fazem dela como que uma revelação de verdades que, de outro modo, nos seriam inacessíveis. Era natural que o século de Augusto, que viveu a transformação da religião nacional, fosse o grande século por excelência da poesia inspirada.

Capítulo IV

A Arte da Época Augustana

No seu testamento, Augusto gaba-se de haver restaurado, na sequência do seu triunfo, no espaço de um só ano, oitenta e dois santuários. Trata-se em geral de capelas ou de pequenos templos que não eram conservados desde havia muito tempo e que os incêndios, tão frequentes então, ou simplesmente o abandono em que eram deixados tinham transformado em ruínas. Augusto reconstruiu-os e ornamentou-os de ex-votos preciosos. Esta obra era o prelúdio do esforço de restauração religiosa e da devolução da dignidade aos velhos cultos. Foi completada com a construção de novos templos, muito mais importantes: o templo de Apolo Palatino, com os seus anexos, um pórtico e duas bibliotecas, o templo de César, no Fórum romano, consagrado em 42 no próprio local em que o corpo do ditador havia sido incinerado, mas que apenas foi concluído e consagrado em 29; sobre o Capitólio, foi erguido o templo de Júpiter Tonante, que comemorava um «milagre» ocorrido durante a guerra contra os Cântabros, na Hispânia. No decurso de uma marcha, um raio abateu-se diante da liteira de Augusto, matando um escravo mas poupando o príncipe; em reconhecimento, Augusto prometera um templo a Júpiter e aquele que erigiu era de tal magnificência que pôs na sombra o outro Júpiter, o Óptimo e Máximo, cujo santuário, situado muito próximo, passou a estar oculto. O deus não demorou a queixar-se a Augusto; apareceu-lhe durante um sonho e Augusto, obediente, prendeu sinetas no tecto de Júpiter Tonante para indicar – diz-se – que este não era mais do que o «porteiro» do Capitólio. Sobre o Palatino foram edificados três outros templos, um deles dedicado a Minerva, outro a Juno Rainha, o terceiro a Júpiter Libertador. Na área contígua do Fórum, dois santuários, que não passavam até então de obscuras capelas, foram promovidos a uma nova dignidade. Eram o Templo dos Lares, no início da Via Sacra e, não longe daí, o dos Deuses Penates. Lares e Penates do povo romano eram, efectivamente, ídolos antiquíssimos que se dizia terem sido subtraídos pelo pio Eneias do incêndio de Tróia e trazidos para Roma. A revivificação da lenda troiana explica a iniciativa de Augusto.

A estes templos, é conveniente acrescentar o de Marte Vingador, edificado no centro do novo Fórum com que Augusto dotou a cidade e que recebeu o nome de *Forum Augusti*. Este templo do deus vingador (*Mars Ultor)* foi verdadeiramente o edifício dinástico por excelência do novo regime. Marte, pai de Rómulo e Remo e «amante» de Vénus, surge entre os antepassados divinos de César, que, enquanto viveu, fora assimilado a Rómulo-Quirino. Sobre o campo de batalha de Filipos, Octávio prometera erguer-lhe um templo se triunfasse dos assassinos do ditador; mas o templo só foi terminado em 2 d.C. A sua inauguração, a 1 de Agosto, coincidiu com o aniversário da entrada de Octávio em Alexandria. Era uma das grandes datas do regime, uma vez que a tomada da cidade havia posto fim à guerra contra Cleópatra. Em redor do templo estendia-se um pórtico em que Augusto colocou as estátuas de todos os triunfadores, cada uma delas acompanhada de uma inscrição relatando os seus altos feitos. O conjunto formava como que um imenso recinto sacro, um «témenos» directamente inspirado nos dos grandes santuários helenísticos. A sua localização tinha sido escolhida com cuidado: a sul, este Fórum era contíguo ao de César, que se apresentava como o «témenos» de Vénus Genetriz. Deste modo, Marte e Vénus, pai e mãe da raça proveniente de Rómulo, dominavam os dois grandes lugares públicos com que o regime dotara Roma. A norte, uma enorme cintura de muros dissimulava à vista as habitações miseráveis amontoadas nas encostas de Suburra. Até ao fim do Império, mesmo após a edificação do Fórum de Trajano, será aí que terminará o bairro monumental dos *Fora*[i] imperiais. O «témenos» de Marte Vingador determinou, de uma vez por todas, o eixo principal sobre o qual se desenvolverão as construções ulteriores.

Porém, a actividade de Augusto não se limitou aos edifícios sacros. Desenvolveu em especial as basílicas, ajudando Emílio Paulo a restaurar e ampliar a Basílica Emiliana e ampliando a Basílica Juliana, que havia sido destruída por um incêndio. A partir daqui, o Fórum romano fica totalmente circundado de colunatas que, cada vez mais, o fazem parecer-se com uma praça pública de tipo helenístico. Também em outros bairros são edificados pórticos: um, em nome de Octávia, a irmã do príncipe, não distante do Circo Flamínio, a sul do Campo de Marte; um outro em nome de Lívia, sobre as encostas do Ópio (no bairro do Esquilino), primeiro monumento digno deste nome a ser construído tão longe do centro; um outro, por fim, em nome de Agripa, na parte oriental do Campo de Marte. Augusto multiplicava assim os locais de passeio públicos. Alguns destes pórticos rodeavam uma área plantada com jardim, o que foi uma inovação importante. Até então, se se excluir o «passeadoiro» do teatro de Pompeio (que data de 55 a.C.), Roma não possuía jardins públicos. César fora o primeiro a imaginar legar o seu grande parque do Trastevere ao povo romano. Mas este parque era demasiado afastado do centro. Os «pórticos» construídos por Augusto constituíam, pelo contrário, locais acessíveis em qualquer altura,

---

[i] O plural de *forum* (substantivo do género neutro) em latim é *fora* (*N. do T.*).

onde se encontrava, conforme os dias, a tepidez do Sol ou a frescura da sombra. No tempo da República, o lazer da plebe era todo passado no Fórum, e estas multidões ociosas estavam sempre prontas a ouvir as arengas de qualquer demagogo. Com as restrições impostas à actividade política, era prudente fornecer a esta mesma plebe outros prazeres e dispersá-la através de mais numerosos lugares públicos. O urbanismo de Augusto encontra-se, deste modo, dependente de considerações fortemente alheias à estética.

Os locais de espectáculo foram igualmente objecto da solicitude do príncipe. César tinha outrora concebido o projecto de um grande teatro encostado ao Capitólio. Efectivamente, apenas existia em Roma um teatro permanente, aquele que Pompeio construíra no Campo de Marte, e este não podia conter mais do que dez mil espectadores, o que era bastante insuficiente. Mas César não teve tempo para levar o seu projecto a bom termo. Augusto retomou-o e ampliou-o. Comprou com fundos próprios terrenos pertencentes a particulares e começou a construção, sem dúvida por volta de 24, ao regressar da Hispânia. O teatro foi, com efeito, inaugurado apenas em 13 (ou talvez em 11) a.C., mas os trabalhos estavam já bastante avançados desde o ano 17 para que nele se pudesse celebrar uma parte dos Jogos Seculares. Augusto atribuiu-lhe o nome de «Teatro de Marcelo», em memória do jovem varão em quem tantas esperanças haviam sido depositadas e cuja morte retardara, já o dissemos, o nascimento do novo «século». O teatro de Marcelo perdura ainda em grande parte. Construído em travertino[ii] (que esteve outrora coberto de um revestimento de mármore), a sua fachada semicircular comporta três andares de arcadas sobrepostas; entre os arcos do rés-

---

[ii] Rocha sedimentar, de natureza calcária e tons claros, com cavidades, originária das pedreiras de Tíbur, também conhecida por «pedra de Tivoli». É utilizada em obras de alvenaria bem como em revestimentos de paramentos, entre outras utilizações (*N. do T.*).

do-chão estão embutidas pilastras dóricas; entre os do primeiro andar, pilastras iónicas; o terceiro andar, por fim, era coríntio. A técnica de construção lembra a que tinha sido utilizada no teatro de Pompeio e prenuncia já a do Coliseu. Detecta-se nele uma forte influência da arquitectura helenística (Pompeio havia-se inspirado directamente no teatro de Mitilene), mas determinadas características puramente romanas são, no entanto, reconhecíveis. Quando apareceu em Roma por meados do século I antes da nossa era, a técnica dos teatros é já o produto de uma longa adaptação dos modelos gregos, e os teatros augustanos (restauração do de Pompeio, teatro de Marcelo) prenunciam já os anfiteatros gigantescos do futuro: o Coliseu e todos quantos se ergueram nas cidades provinciais.

O «século de Augusto» conheceu, como se viu, grande actividade de arquitectura. Reatou as tradições anteriores às guerras civis, o tempo de Sula, que vira formar-se um estilo «itálico», e é por vezes difícil reconhecer, à primeira vista, a data deste ou daquele fragmento ou deste ou daquele edifício que as escavações nos revelam. Não obstante, a técnica dos revestimentos é mais regular no tempo de Augusto do que três quartos de século antes. As construções sulianas comportavam, por cima do entulho de cascalho central dos muros, um revestimento de pequenos cubos de tufo[iii], irregularmente dispostos. No tempo de Augusto, os pedreiros habituaram-se a nivelar estes elementos por forma a constituirem uma espécie de trama de juntas oblíquas, bastante parecida com uma rede de pesca. Daí a designação de «reticulado» a este tipo de revestimento. Para os grandes monu-

---

[iii] Rocha piroclástica esponjosa constituída por materiais finos lançados por erupções vulcânicas. Formam depósitos que se adaptam com frequência a restos vegetais e animais bem conservados. Desta rocha são, por exemplo, os depósitos que sepultaram Pompeios e Herculano aquando da famosa erupção do Vesúvio do ano 79 d.C., deixando moldes perfeitos de corpos decompostos de seres humanos e animais, que ainda hoje podemos admirar em visita às ruínas destas cidades (*N. do T.*).

mentos recorreu-se à antiquíssima técnica da pedra de cantaria. Os velhos materiais tornam a ganhar dignidade. Ainda neste ponto, Augusto votou-se ao respeito pelas tradições venerandas, sobretudo quanto à restauração de santuários, como se receasse «expatriar» as divindades de antanho ao modernizar inconsideradamente a sua morada.

*
*   *

Augusto, orgulhoso dos embelezamentos que trouxe à cidade, gostava de repetir que «a tinha encontrado de tijolos e a tinha deixado de mármore». Até então, com efeito, os edifícios públicos, e sobretudo os templos, eram decorados com ornamentos produzidos em terracota. O emprego do mármore era excepcional; o trabalho deste material continuava a ser o apanágio quase exclusivo das oficinas gregas. Doravante, os escultores «romanos» (muitos dos quais eram de origem helénica e haviam sido formados na própria Grécia ou no Oriente) serão chamados a manusear todas as espécies de mármore, desde as variedades exóticas, importadas da Ásia ou da África, até aos mármores italianos, cujas qualidades começavam então a ser reconhecidas.

Entre as diferentes ordens arquitectónicas, preferia-se quase exclusivamente a ordem coríntia (pelo menos para os templos), com as suas colunas de profundas caneluras, os capitéis em que se abrem as folhas de acanto, os frisos ornados de volutas. Parece que havia empenho na valorização de todas as possibilidades do mármore, pelo desenvolvimento dos elementos vegetais e da fluidez do cenário. O monumento mais característico da escultura decorativa augustana, a Ara da Paz de Augusto, cuja construção foi decidida por *senátus-consulto* em 13 a.C., para celebrar a pacificação definitiva das províncias ocidentais, oferece-nos um magnífico exemplo deste estilo. A superfície exterior do muro que estava assente em redor da ara propriamente dita, é por inteiro coberta de um autêntico rendilhado de mármore. Volutas suaves de acanto dispõem-se simetricamente em relação a eixos que sublinham os caules vegetais e, em alternância, a nervura principal de uma folha largamente aberta. Cada voluta termina, no seu centro, em uma flor, rosácea, peónia ou papoila. Por vezes, a figura de um cisne de asas abertas, com o pescoço graciosamente flectido, interrompe o desenrolar das volutas. O cisne, ave apolínea por excelência, adquire um valor heráldico, assim como as coroas de louros que se acham em outros pontos da composição, mas o escultor esforçou-se por denunciar, nas formas flexíveis da ave, uma inesperada afinidade com o movimento da planta. Ainda que este esteja submetido, no seu conjunto, à geometria de uma rigorosa ordenação, o artista conseguiu guardar nele uma liberdade que exclui qualquer impressão de artificialidade. Não só introduziu pequenas variações, que suprimem toda a simetria intempestiva, mas a própria «matéria» da planta é expressa com uma rara felicidade e uma rara verdade. Por fim, não hesitou em animar estas ramagens com uma vida secreta, ao colocar, aqui e ali, lagartos, insectos e aves.

O mesmo sentido da vida, o mesmo realismo alegre aparecem num outro motivo da Ara: as grinaldas de folhas, de espigas e de frutos que ornam a parte superior do friso, no interior do monumento. Estas grinaldas são, sem dúvida, um velhíssimo tema, familiar à arte helenística, mas são tratadas com um espírito novo; elas pendem segundo um ritmo amplo, amarradas, de longe a longe, por um *bucrânio* esculpido (isto é, um crânio de boi, resto de um sacrifício), dificilmente separadas do fundo nos pontos de amarração, em saliências mais acentuadas no meio da sua curvatura. Este motivo reveste-se aqui de uma significação religiosa evidente; elas são, por si mesmas, um acto de reconhecimento e de prece. Augusto restituiu aos homens a alegria de viver. Graças a ele, os deuses fizeram a paz com os mortais; os cultos antigos reencontraram a sua eficácia e, pela intervenção

O SÉCULO DE AUGUSTO

do príncipe, a divindade recompensa os homens dando aos seus campos a prosperidade e a abundância maravilhosa da Idade de Ouro. Pensa-se, diante desta magnificência, nos versos das *Geórgicas,* em que Virgílio cantava, vinte anos antes, a fecundidade dos campos italianos.

É ainda em Virgílio que se pensa ao contemplar o grande friso e os relevos que representavam personagens e que constituíam a decoração principal da Ara. À esquerda da entrada, do lado oriental, uma composição representa uma figura feminina, sentada e segurando em seus joelhos duas crianças e frutos; a seus pés, uma vitela e um borrego, à sua direita uma divindade marinha, o génio de um rio, encostado a um cisne de asas abertas, à sua esquerda. É provável que o artista tenha querido deste modo representar, entre o mar e as águas vivificantes dos rios, a Itália amamentando os dois gémeos divinos, Rómulo e Remo, antepassados da cidade. A intenção simbólica não prejudicou nem a vivacidade nem a frescura do quadro. Poder-se-ia acreditar que a ideologia augustana tivesse dado origem a uma arte sobrecarregada de alegorias e um tanto declamatória. De facto, não se pode deixar de reconhecer até que ponto todas as composições são então arejadas e simples. Mesmo os relevos «históricos» (aqueles que tentam fixar uma cena ou relatar um acontecimento) espacejam as personagens e subordinam-nas umas às outras sem sobreposição. As atitudes são calmas; os gestos não são fixados no seu impulso mas no momento em que se concluem. Os assuntos preferidos são as cenas de sacrifício: o sacrificante, uma aba da toga puxada sobre a sua cabeça, está diante da ara; um ou dois *camilli,* que o assistem, estendem-lhe um prato cheio com primícias e uma taça contendo o vinho da libação. As vítimas, um touro, um porco ou uma ovelha, segundo o rito, indiferentes à sorte que os espera, não opõem qualquer resistência, e a sua própria docilidade, desejada pela divindade, garantem a eficácia da oferenda. O instante escolhido não é o mais dramático; é o momento de prece e de recolhimento que precede o sacrifício, como se o artista repudiasse o pitoresco e a violência.

O grande friso que ocupa a parte interior do muro da Ara da Paz descreve uma longa procissão que nos restitui a atmosfera das solenidades religiosas e da religião do Estado. Vêem-se lictores com os seus feixes, à frente do príncipe; de seguida, o grupo das Vestais e o colégio dos Flâmines; e, atrás das personagens oficiais, marcha toda a família imperial. Reconhece-se Lívia, Agripa, Júlia, com seus dois filhos, Gaio e Lúcio César, jovens ainda, envolvidos pelas suas largas togas pretextas, e visivelmente (o mais novo, pelo menos) impacientes pela conclusão da cerimónia. Por fim, eis a teoria[iv] dos senadores e dos sacerdotes. A impressão geral perante esta procissão, que poderia ter sido de uma monotonia desesperante, é, pelo contrário, a variedade e o movimento. Certa personagem, uma mulher, volta-se com um dedo nos lábios, faz sinal a uma criança para observar o silêncio ritual, os olhares não são uniformemente paralelos, as suas direcções cruzam-se e criam uma ilusão de profundidade. Encontra-se aqui a mesma conciliação das duas tendências profundas do século: uma gravidade um pouco solene e, apesar de tudo, o sentido agudo da verdade e da vida.

Este realismo na figuração das personagens era, desde há muito tempo, uma tradição da escultura romana. Havia uma arte italiana do retrato, originária, porventura, das oficinas da Etrúria, desenvolvida para responder às exigências nascidas dos costumes funerários e do culto familiar romano, e que conheceu, na época de Augusto, um progresso extraordinário: a grande procissão da Ara da Paz pode ser considerada como uma galeria de retratos de personagens individuais e é, se não fácil, pelo menos possível reconhecer nela as principais personalidades da corte. Todos os museus da Europa possuem importantes colecções

---

[iv] Do grego *theoria,* o sentido antigo deste vocábulo é o de «procissão, cortejo solene de carácter religioso» (*N. do T.*).

destes retratos augustanos, bustos cuja verdade nos é garantida pela comparação com as efígies gravadas nas moedas. A preocupação com a semelhança é tão forte que se pode reencontrar, de um busto a outro, este ou aquele traço familiar suficiente para permitir a identificação das personagens independentemente até dos testemunhos monetários. É deste modo que os traços de Lívia, sobre o busto da gliptoteca Ny-Carlsberg, são autenticados por comparação com os traços de seu filho, o imperador Tibério. Porém, a série mais rica e mais comovedora é a das estátuas do próprio Augusto.

O príncipe foi representado inúmeras vezes e o culto que ficou ligado à sua pessoa incentivou os artistas a não se contentarem com um ou dois tipos oficiais mas a reproduzirem o seu rosto em todos os períodos da sua vida. É assim que possuímos retratos de Octávio ainda jovem, no momento em que veio de Apolónia para reivindicar a herança do seu pai adoptivo. Sabemos que Suetónio, um século depois da morte de Augusto, tinha descoberto uma estatueta que representava o «deus Augusto» criança, antes da sua adopção por César. Era um pequeno bronze, em cujo pedestal estava incrustado, em letras de ferro, o seu primeiro *cognomen* de *Thurinus*. Suetónio deu-o de presente ao imperador Adriano, que o colocou entre as divindades do seu larário pessoal. Na série das grandes estátuas de Augusto chegadas até nós, é possível seguir a evolução da idade, apesar da convenção que tendia a conservar, para o herói destinado à apoteose, uma aparência de eterna juventude, que é a dos deuses. Apesar disto, existe um certo busto de lábios finos, de fronte ligeiramente sulcada de rugas, que nos deixa adivinhar o que foram por momentos as angústias do poder e também a devastação das doenças que, por inúmeras vezes, levaram a temer pela sua vida. Ainda aqui, o realismo romano soube conciliar a verdade, reveladora da alma, com a preocupação de expressar a majestade sobre-humana do imperador.

*

*　*

Porém, passa-se com a arte augustana o mesmo que com a poesia deste século. Apesar da sua intensidade, ela não esqueceu as lições da época alexandrina, e nela encontramos, a par de estátuas, retratos, relevos religiosos ou históricos, algumas obras mais ligeiras. A sorte dos arqueólogos restituiu-nos, há algumas dezenas de anos, uma rica habitação romana, construída nas margens do Tibre talvez cerca do ano 20 a.C. e que um rápido abandono havia preservado das alterações e das restaurações inoportunas. Esta *villa,* dita «da Farnesina», mostrou-nos notáveis conjuntos decorativos: uns são constituídos por relevos de estuque e outros por grandes frescos pintados. Os primeiros, de uma execução extremamente fina e delicada, representam paisagens que parecem tiradas do idílio. Nelas se vê um campo povoado de pequenos santuários, sobretudo túmulos, entre os quais se erguem casas rústicas. Muitos temas parecem ser de origem oriental e adivinha-se, por detrás desta ou daquela silhueta de torre ou de pórtico poligonal, modelos egípcios ou asiáticos. Uma velha árvore estende os seus ramos por debaixo da arquitrave de uma porta; uma palmeira ergue-se, rodeada de uma paliçada baixa. Uma e outra são certamente daquelas árvores sagradas em que os camponeses suspendiam grinaldas, e que os arados respeitavam ao traçar o seu sulco. Por todo o lado, personagens, ou melhor, silhuetas rapidamente esboçadas, introduzem uma animação extraordinária. Uma mulher, encostada à porta de um túmulo, parece meditar, mas, não longe daí, um homem de pé sobre um rochedo pesca à linha enquanto um outro parece estar prestes a lançar a sua rede. Compenetrada, uma criança saltita sobre uma ponte de forma abaulada lançada sobre o rio, e sua mãe, vigilante, acompanha o seu passeio aventuroso. Em outro local, uma criada segue a sua patroa, transportando sobre a cabeça um vaso cheio talvez com a água necessária ao cumprimento de algum rito pio no túmulo vizinho. Os deuses e os mortos estão por todo o lado presentes nesta natureza que faz irresistivelmente pensar nas descrições virgilianas mas também nos pequenos poemas da Antologia grega. Equivocar-se-ia sem dúvida quem quisesse descobrir um sentido místico bem preciso por detrás destas imagens. O salão cujo tecto elas ornavam não era uma capela nem um oratório, mas uma sala em que os habitantes da casa viviam a sua vida quotidiana. E as pessoas gostavam de reencontrar à sua volta a presença da Natureza. Talvez para o nosso gosto a paisagem esteja demasiado cheia de personagens e de «construções ornamentais», mas não é a única vez, na história da arte, que a Natureza tem necessidade da presença humana para ser entendida. Os Romanos, como os Alexandrinos, habitam uma cidade imensa; se eles têm a nostalgia do campo, é preciso, no entanto, que este campo seja aprazível, animado, para que não lhes pareça um «deserto horrível». As inúmeras divindades, as almas que frequentam os túmulos e os santuários rústicos são como que uma multidão familiar, intermediária entre a sensibilidade dos homens e as potências misteriosas, um pouco assustadoras, que encobrem a terra e as águas. A religiosidade, naturalmente panteísta, dos Romanos encontra-se aqui, como se encontra numa qualquer *Ode* de Horácio ou nos versos de Virgílio. É também evidentemente com esta Natureza de paisagem «idílica» que sonha Ovídio com frequência nas suas descrições. As *Metamorfoses* deveriam agradar porquanto, mais do que uma vez, elas põem em acção as maravilhosas aventuras lendárias no próprio cenário que era o da vida quotidiana.

Os relevos da Farnesina são muito próximos das paisagens pictóricas. Os seus motivos encontram-se não apenas nos frescos da referida *villa* mas também numa outra residência privada que remonta a esta época e que foi, sem dúvida, a própria casa de Augusto sobre o Palatino. Esta casa (geralmente conhecida pelo nome de «Casa de Lívia») dá-nos os exemplos mais evidentes daquilo que se denomina o «segundo estilo» da pintura pom-

peiana. A superfície da parede, em vez de ser decorada naturalmente, é «aberta» por janelas representadas em perspectiva ilu-
sória, e, através desta abertura imaginária, descobre-se seja uma
cena mitológica (por exemplo a aventura de Io, transformada em
novilha, e guardada por Argo – mas o deus Mercúrio aparece
detrás do cômoro a que se encosta a jovem; ele segura a espada
na mão e todos sabem que está prestes a degolar o muito vigilante guardião), seja uma paisagem, formada, desta vez, de um
único santuário, isolado no meio de um bosque agreste. Porém,
paisagem ou cena literária, o quadro tem sempre como tema
principal uma visão da Natureza.

Adivinharíamos, pela simples observação de tais conjuntos,
que os contemporâneos de Augusto deveriam estar apaixonados
por jardins. A pintura decorativa da época fornece-nos a prova,
em dois exemplos igualmente célebres: os frescos do *auditorium*
de Mecenas, no alto do Esquilino, e os da *Villa* de Lívia, em
Prima Porta, não longe de Roma, na Via Flamínia. Tanto num
exemplo como noutro, uma sala subterrânea – destinada, indubitavelmente, a servir de salão durante os dias quentes – estava
ornada de pinturas representando um jardim. Ao longo da
parede, uma cerca vegetal baixa parece correr ao longo de arvoredos (aquilo a que então se chamava uma *silua*, uma «mata»).
Loendros, bordos, abetos jovens ainda baixos, limoeiros, laran-
jeiras e loureiros formam um bosque cerrado. Na erva, entre os
troncos, flores de cores vivas; nos ramos, aparecem frutos:
laranjas, limões, mas também maçãs e marmelos. Sobre a cerca
estão pousadas aves; um papagaio, numa gaiola, introduz uma
nota de exotismo. Imaginamos que, na própria sala, haveria a
frescura e um murmúrio de fontes. Mais tarde, Séneca lastimará
ironicamente Mecenas por este, atormentado pelo humor rabu-
gento da mulher, não ter conseguido dormir senão com o ruído
da água correndo ou mesmo ao som de uma música longínqua.
Requintes de luxo que ao filósofo parecem condenáveis, mas
que não eram desconhecidos para a severa Lívia e que corres-

pondem ao gosto de todo o século mais do que ao de um único homem.

Naturalmente que, na realidade, os jardins se pareciam com os jardins ilusórios de que as pessoas gostavam de se rodear. É o período em que se constroem casas de campo nos todos os arredores romanos e em que se abandona cada vez mais o tradicional *atrium* à maneira antiga pelos vastos peristilos plantados de arvoredos. O próprio Augusto gostava das árvores bonitas. Se a afectação habitual de austeridade não o houvesse impedido, de boa vontade também ele se teria presenteado com jardins. Mas contentava-se com os frescos da sua residência, no Palatino, ou então, quando a inveja o tomava, ia passar algum tempo na *villa* de algum liberto cujo luxo não provocava escândalo.

A arte augustana, como se vê, não contradiz qualquer das conclusões a que nos conduziu a análise da literatura. Num e noutro domínios aparecem as mesmas aspirações, as mesmas tendências, contraditórias por vezes: leveza e graciosidade ao lado da antiga «intensidade», mas, por todo o lado, apesar de todas as afectações, de todas as influências exercidas pelos modelos helenísticos, o sentido do *objecto,* o dom de expressar a originalidade de cada coisa que são dos contributos mais preciosos do espírito italiano. Ao mesmo tempo, emana deste universo plástico ou poético uma impressão de medida e de calma, como de uma força consciente e segura de si mesma, bem diferente, nesta era clássica, da exuberância já romântica de que dará testemunho, duas gerações mais tarde, o «barroco» neroniano e flaviano.

Capítulo V

A Paz Augustana

Não é por acaso que o monumento mais acabado e mais característico da arte augustana seja uma ara dedicada à Paz. A obra de Augusto foi essencialmente uma obra de pacificação, não somente no interior, ao restabelecer, por vezes sob coacção, a «concórdia das classes» com que sonhava Cícero, mas também nas províncias e sobretudo nas fronteiras. A longa crise das guerras civis surgira pouco tempo após campanhas vitoriosas, a Oriente e a Ocidente, terem anexado ao Império territórios consideráveis: César acabava de conquistar as Gálias e de explorar a Bretanha; havia apenas uma quinzena de anos que Pompeio tinha posto definitivamente fim à luta contra Mitridates, que, a certa altura, estivera a ponto de sublevar contra Roma todo o mundo helenístico. Os territórios conquistados ao rei do Ponto ainda não estão todos integrados no Império; a fidelidade dos reis vassalos, na Ásia, é duvidosa e, aquando de Áccio, António não logrou plenamente restaurar, por toda a parte, o prestígio romano. Em todas os assuntos, Augusto, ao tomar o poder, tem que fazer face a graves problemas.

A prossecução da guerra contra Cleópatra havia levado Octávio vitorioso até Alexandria. A sua primeira tarefa foi anexar o Egipto, de que ele não fez uma província ordinária mas um território ligado directamente ao domínio imperial e governado por um «prefeito», que era o representante pessoal do príncipe. O primeiro prefeito, Cornélio Galo (ele mesmo um poeta, amigo de Virgílio, que lhe tinha inicialmente dedicado as *Geórgicas),* foi encarregado de garantir a segurança do país. Galo conduziu vitoriosamente aos exércitos romanos até Filas (não longe de Assuão), mas inchado de orgulho, aceitou homenagens desmedidas e Augusto não demorou a retirar-lhe o cargo. Após 25 a.C., coube a um dos seus sucessores, G. Petrónio, impor o respeito por Roma aos salteadores etíopes, que, no Inverno de 21 a 20, prestaram, pelo menos teoricamente, acto de submissão a Augusto. Este tentara, desde o ano de 25, estabelecer o seu protectorado na outra margem do Mar Vermelho, no país dos Sabeus, na ditosa Arábia[i]. Élio Galo, encarregado da expedição, mal aconselhado e mal guiado, tentou alcançar a região de Adem através do deserto que se estende a oriente do Mar Vermelho. Não há dúvida de que logrou sucessos fáceis sobre indígenas muito mal armados, mas as suas tropas, dizimadas pela carência de mantimentos frescos, tiveram finalmente que recuar sem terem obtido grandes resultados. Ao empreender aquilo que não foi, em suma, mais do que uma exploração sem futuro, Augusto tinha provavelmente por objectivo chegar à região donde provinham os perfumes e as especiarias, de tinham então grande procura no interior do Império e cujo preço era desmesuradamente agravado pelos caravaneiros, o que acarretava saídas maciças de moedas de ouro, sem qualquer contrapartida. Talvez também cedesse à curiosidade de explorar países cujas maravilhas eram exaltadas pela tradição.

Porém, nem os confins egípcios nem as relações com a ditosa Arábia colocavam verdadeiramente problemas estratégicos. Os desertos formavam limites naturais intransponíveis, mas tal não acontecia com os territórios asiáticos, da Palestina ao

---

([i]) Em latim *Arabia felix* (*N. do T.*).

Cáucaso. Instalados há vários séculos na Ásia Menor, e posteriormente na Síria, os Romanos tinham aí constituído duas províncias, circundadas por uma franja de estados vassalos. O principal perigo, para além de algumas zonas dissidentes que se estendiam pelas regiões montanhosas da Anatólia, estava no vasto Império Parto, que se formara a oriente das possessões e protectorados romanos; império feudal, sem unidade interna, incapaz de ameaçar verdadeiramente o poderio romano, mas atacando sem cessar as regiões submissas e dando guarida a todas as tentativas de rebelião. A intenção de César fora a de recomeçar a epopeia de Alexandre para submeter os Partos e a opinião pública esperava de Augusto que, pelo menos, vingasse o desastre de Crasso, tarefa de que o príncipe se desviou prudentemente, esforçando-se por resolver o problema unicamente pela diplomacia. Entre o rei parto Fraates e Augusto houve uma longa série de pressões, de ameaças, de demonstrações militares que, em 20 a.C., foram concluídas com os Partos a entregarem as insígnias conquistadas às tropas de Crasso. Mas, para isso, Augusto teve que encarregar Tibério de organizar uma verdadeira expedição contra a Arménia, onde instalou um rei vassalo, a fim de subtrair o país à influência parta. Este sucesso, na realidade modesto, foi apresentado ao Senado romano como uma grande vitória. Falou-se de «conquista», e Augusto aproveitou para declarar solenemente que o Império tinha atingido os seus limites naturais e que não avançaria para além deles. A operação ficou completa com a instalação de um outro rei devotado a Roma na Média Apotropátena (o Azerbaijão actual). Parecia que tinha sido definitivamente estabelecida a «frente» romana e protegida com eficácia a fronteira asiática.

Infelizmente, uma série de revoluções internas não demorou a reabrir a Arménia aos Partos. As tropas romanas enviadas para instalar um novo rei foram desbaratadas em I a.C., e Augusto encarregou o seu neto, Gaio, de restabelecer a situação. Ainda desta vez, os exércitos puseram no trono um rei vassalo, mas

Gaio ficou tão gravemente ferido que teve de retirar e não tardou a morrer. A Arménia revelava-se uma ilusão. No fim do reinado de Augusto, e a despeito dos cantos de vitória entoados trinta anos antes, o país estava sem rei, em plena anarquia e, mais do que nunca, submetido à influência parta. A bem ou a mal, Roma acabara por admitir que o Eufrates constituía a fronteira natural entre os dois impérios. E foi numa ilha desse rio que Gaio, em «território neutro», tivera uma entrevista solene com o rei Fraates. A diplomacia assegurava uma estabilidade relativa numa região que as armas não puderam conquistar.

Mais a norte, a ocupação romana progredira ao longo das costas do Mar Negro, nesse reino do Ponto donde outrora partira Mitridates. Aí, Pólemon, um rei vassalo sob a égide romana, havia mesmo por algum tempo estendido o seu domínio até à Crimeia, a fim de proteger os países helenísticos contra as pilhagens citas e de garantir o comércio do trigo, tão importante para o abastecimento do Império. Augusto, por seu turno, consegue constituir, à volta do Mar Negro, uma defesa sólida.

A sul da Síria, por fim, formara-se, no tempo de António, um reino judeu governado por um príncipe estrangeiro, um Idumeu, Herodes. Em 37 a.C., Herodes tinha tomado Jerusalém e posto fim ao governo dos Sumos Sacerdotes. Augusto tinha naturalmente secundado os esforços de Herodes, que se atribuíra a tarefa de tirar a Judeia do seu isolamento espiritual e de assegurar o governo de um povo considerado ingovernável. Porém, com a morte do rei, em 4 a.C., o país tornou a cair na anarquia e duas deputações, uma de Samaritanos e outra de Judeus, deslocaram-se a Roma para reclamar a sua integração no Império. E, em 6 d.C., a Judeia torna-se uma província procuratoriana.

Foi esta, nas suas grandes linhas, a política oriental de Augusto. Evitava as aventuras, esforçando-se por organizar as conquistas anteriores e por assegurar, por toda a parte, o restabelecimento ou a manutenção da ordem, com métodos de grande flexibilidade. Ao fazê-lo, os Romanos não substituíam, no

A PAZ AUGUSTANA

Oriente, uma civilização por outra: a obra de helenização, iniciada no tempo de Alexandre, prosseguida pelos reis helenísticos, interrompida ou contrariada no decurso das inúmeras guerras que precederam e impuseram a intervenção de Roma, estava retomada e continuava após o restabelecimento da paz. Augusto surge nestas províncias, naturalmente, como o sucessor longínquo de Alexandre. Por toda a parte lhe são erguidas aras e templos como era costume erguê-los aos Ptolemeus, aos Selêucidas e aos outros príncipes. Em breve, os grandes focos do pensamento grego, Alexandria, Pérgamo, Antioquia, vão conhecer um esplendor comparável ao do passado. A cultura «romana» é, aqui, idêntica à cultura helenística, que ela não suplanta mas apenas trabalha para promover.

*

* *

A metade oriental do Império, qualquer que tenha sido a sua importância, figurava, aos olhos dos Italianos, como «possessão de além-mar». Geograficamente, Roma e Itália pertencem ao Ocidente, e a opinião pública era por vezes impelida a recear que o prestígio histórico e as riquezas das províncias helénicas levassem a deslocar o centro de gravidade do mundo romano e a desapossar Roma da preeminência. Este receio emergiu no tempo de César. Reapareceu (em parte por acção da propaganda de Octávio) no momento da luta com António, e vimos que a oposição havia a certa altura atribuído a mesma intenção a Augusto. Toda a política do principado teve por objectivo o restabelecimento deste equilíbrio ameaçado, organizando as províncias ocidentais de forma mais sólida do que no passado e «fundindo-as» também mais intimamente ao Oriente.

A primeira preocupação de Augusto foi concluir a pacificação da Gália e da Hispânia, onde subsistiam várias regiões dissidentes. Os dez primeiros anos do principado foram consagrados a esta tarefa. Na Gália, a cidade de Lião (*Lugdunum*), fundada em 43, não demorou a tornar-se capital federal. Sita no ponto de encontro das três grandes divisões da região (Céltico, Aquitânia e Narbonense), esta cidade foi o centro donde irradiou a romanização. Augusto residiu três anos na Gália. Um ano depois da sua partida, Druso estabeleceu, na confluência do Saône e do Ródano, uma ara consagrada à divindade de Roma e de Augusto (12 a.C.). Era até ela que, todos os anos, no 1.º de Agosto (aniversário da tomada de Alexandria), todas as cidades gaulesas enviavam deputados para oferecer um sacrifício solene.

Entre Roma e a Gália, as comunicações faziam-se por via marítima ou ao longo dos caminhos litorais. A maioria dos desfiladeiros alpinos era inacessível, e os povos das montanhas representavam ameaças constantes tanto sobre a Gália Cisalpina como sobre as regiões pacificadas da Narbonense. Uma série de expedições consegue reduzi-las: em 25 a.C., os Salassos do vale de Aosta foram massacrados e os sobreviventes vendidos como escravos. Nove anos mais tarde, P. Sílio Nerva pacificava os vales que se estendiam a oriente do lago de Garda. Era chegado o momento de proceder a uma conquista total. Ela foi empreendida no ano 15 a.C. por duas colunas, uma das quais, com Druso, partiu do sul, subiu o vale do Ádige, e, possivelmente pelo desfiladeiro do Brenner, alcançou o vale do Inn; a segunda coluna, conduzida por Tibério, partiu da Gália, marchando para oriente; Tibério obteve uma vitória perto do lago de Constança e reuniu-se a Druso na margens do Danúbio. Esta campanha permitiu a formação de novas províncias, que tomaram os nomes de Récia e Nórico. A primeira compreendia a Suíça Oriental, o Norte do Tirol e o Sul da Baviera, tendo a Vindelícia como seu anexo; estava colocada sob a autoridade de um prefeito de ordem equestre, dispondo de duas legiões estacionadas em Augsburgo (*Augusta Vindelicorum*). A segunda era um antigo reino vassalo, sita imediatamente a oriente da Récia e estendendo-se até ao

Danúbio. As exigências da segurança e das comunicações no interior do maciço alpino tinham pouco a pouco levado as legiões a controlsar o Danúbio, desde a nascente até Viena.

O Sul dos Alpes foi igualmente organizado. Em 14 a.C., foi criada a província equestre dos Alpes marítimos, enquanto se confiava os Alpes cotianos (região do monte Genebra) a um jovem príncipe indígena, M. Júlio Cótio, que reinou nesse território com o título oficial de prefeito. Em 6 a.C., Augusto podia erigir, no ponto mais elevado da rota costeira, em La Turbie, um troféu celebrando a sua vitória sobre todas as populações alpinas «do mar Superior ao mar Inferior», isto é, do Adriático ao Tirreno.

A inscrição de La Turbie não celebra apenas as vitórias alcançadas na parte ocidental dos Alpes. Numa mesma fórmula, engloba ainda outras operações além daquelas que evocámos, e designadamente a guerra da Panónia, levada a cabo entre 13 e 9 a.C. por Agripa e Tibério. As anexações precedentes tiveram como objectivo unir mais solidamente à Itália e as Gálias. A guerra da Panónia responde à necessidade de «fundir» a Itália às províncias orientais.

Octávio era apenas um triúnviro quando já se esforçava por dilatar a zona efectivamente ocupada na província da Ilíria, nas margens oriental e setentrional do Adriático. Havia não somente que manter as passagens dos Alpes julianos a fim de vedar o acesso da Venécia aos eventuais bárbaros provindos da Europa Central, como também era necessário estabelecer uma linha de comunicação segura, por via terrestre, com as províncias balcânicas. Até Augusto, a rota normal da Grécia e da Ásia passava por Brindes e incluía um percurso marítimo. Esta ligação continuava a ser precária e sobretudo não podia satisfazer o transporte maciço de tropas, se repentinamente tal necessidade se fizesse sentir. E, no entanto, era essa a única ligação entre Roma e os seus domínios orientais. A Leste do Adriático, a ocupação romana não ultrapassava a barreira dos Alpes dináricos, e sabe-se que não existe rota praticável ao longo da costa dálmata. A primeira preocupação de Augusto foi, portanto, a de assegurar esta indispensável «via de cintura» entre a Venécia e a Macedónia. A ocupação de Síscia (Siszek), a fundação da colónia de Emona (Laibach), instalando os Romanos no Sava, foram as primeiras etapas do empreendimento. A guerra da Panónia levada a cabo contra os Breucos, instalados nos vales intermédios do Sava e do Drava, conduziu os Romanos até ao curso médio do Danúbio e prolongou para oriente, através da província da Mésia, as anexações da Récia e do Nórico operadas seis anos antes. O objectivo principal estava atingido: a Macedónia ficava directamente acessível, por via terrestre, através do Ilírico, a nova província da Panónia (a Hungria Ocidental), e da Mésia.

Ainda a guerra da Panónia não tinha começado, já as legiões romanas tentavam penetrar no Norte da Germânia e alcançar a região do Elba. As razões desta nova iniciativa, em aparente contradição com a política de paz de Augusto e a sua aversão pelas conquistas inúteis, parecem, de início, obscuras. No entanto, o facto de Druso, que dela foi encarregado, ter começado as operações ao tempo em que Tibério se embrenhava na Panónia parece indicar que ambas as guerras relevam de um mesmo plano. Era, com efeito, bastante tentador imaginar uma fronteira, estabelecida sem interrupções, da embocadura do Elba até ao Danúbio, segundo uma linha balizada, actualmente, por Hamburgo, Lípsia, Praga e Viena. Esta fronteira teria a vantagem de ser mais curta do que a fronteira renana, que era a da Gália conquistada por César, e de permitir movimentações mais rápidas a partir do Ilírico. Além disso, a facilidade com que César havia assegurado o domínio da Gália, em condições que se poderiam crer análogas, parecia prometer uma ocupação célere e segura.

As primeiras operações pareceram responder a esta expectativa. Druso, numa série de campanhas levadas a cabo de 11 a 9 a.C., penetrou profundamente na Germânia, quer pelo vale de Lippe, a partir da sua base de Vétera (perto de Xanten), quer a partir de Moguntiacum (Mogúncia). Auxiliado por uma frota que explorou a costa até à Jutlândia, obteve alguns sucessos, submetendo vários povos germânicos, mas, quando regressava das margens do Elba, em 9 a.C., morreu acidentalmente. Tibério acabava de terminar a guerra da Panónia; Augusto encarregou-o de continuar a obra do seu irmão e ao fim de dois anos parecia que a Germânia estava conquistada. Uma ara a Roma e a Augusto foi erguida no território dos Úbios, em Colónia. Uma primeira etapa fora alcançada.

No entanto, o optimismo oficial estava longe de estar justificado. As operações de Druso e de Tibério não tinham passado de incursões, e era demasiado cedo para falar de anexação. Viu-se bem isso quando um certo povo do vale do Meno, os Marcómanos, conduzido pelo seu chefe Marobóduo, que havia sido educado em Roma, emigrou em massa e se instalou na Boémia. Marobóduo conseguiu, em poucos anos, criar um reino, cuja influência se estendeu, para norte, até ao curso médio do Elba, e rapidamente constituiu uma séria ameaça. Tibério, por esta altura, vivia no seu exílio voluntário de Rodes, e parece que os exércitos romanos estariam em pleno período de reorganização. Foi preciso fixar um tempo de espera. Foi apenas por volta do começo da nossa era que as operações puderam ser retomadas. Antes, cerca do ano 2 a.C., Domício Aenobarbo partira do Danúbio e concretizara a primeira ligação militar com o alto vale do Elba, onde ergueu uma ara a Augusto. E, a partir do 4 d.C., Tibério prosseguia a conquista da Germânia Setentrional, alcançando, por seu turno, com o auxílio da frota, o curso inferior do rio. Parecia agora chegado o momento de desferir o golpe de misericórdia e de anexar o reino de Marobóduo. Para esse efeito, no início do ano 6 d.C., realizaram-se operações combinadas contra ele: uma coluna partiu de Mogúncia em direcção a Nuremberga, uma outra subiu para norte, através do Ilírico e do Nórico, para se reunir à primeira. Porém, no momento do assalto final, tudo foi comprometido pela sublevação da Ilíria. Tibério apressou-se a concluir com Marobóduo uma paz que reconhecia este como rei e «amigo do povo romano», mas que o deixava de facto independente; e, durante três anos, Tibério teve que fazer face aos insurrectos. A luta foi extremamente dura e, em certas ocasiões, pareceu que a própria sorte do Império estaria em jogo. Augusto conheceu horas de desalento. Todavia, a obstinação de Tibério acabou por vencer os Ilírios e, no ano 8, obteve a sua capitulação. Contudo, esta insurreição pôs fim à esperança de constituir uma *limes* (fronteira) do Elba ao Danúbio. No próprio ano em que Tibério celebrou o seu triunfo, em 9 d.C., um desastre sem precedentes aniquilou o exército na Germânia, cujo chefe, Varo, se deixou surpreender na floresta de Teutoburgo pelo jovem chefe querusco Armínio. O sonho de Augusto desabou. Teve que retroceder para a margem esquerda do Reno.

*

* *

Se excluirmos a insurreição ilíria de 6 d.C., no reinado de Augusto apenas se conhecem actividades militares limitadas às fronteiras, mas, no conjunto, o balanço sugere que o Império estava em plena expansão. Os dez parágrafos consagrados, no testamento do príncipe, às diversas expedições mostram Roma em contacto com povos tão longínquos como os Etíopes, os Árabes de Adem e os Cimbros da Jutlândia ou os Sémnones, estabelecidos entre o Elba e o Óder. Embaixadas provindas da Índia, da Cítia e do Cáucaso solicitam a amizade romana. No entanto, tratava-se sobretudo de sucessos diplomáticos e, até ao fim, Augusto chora pelas legiões de Varo. Nem na Germânia, nem na Arménia Roma havia conseguido fronteiras sólidas, e os projectos tão longamente amadurecidos terminavam num revés irreparável.

Contudo, seria injusto ajuizar, por este revés, a obra imensa realizada por Augusto e seus colaboradores. O conjunto do

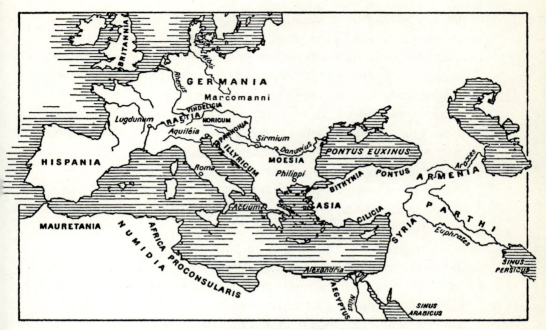

MAPA DO IMPÉRIO NO TEMPO DE AUGUSTO

Império permaneceu numa paz profunda e conheceu uma unidade sem precedentes. Até então, as províncias eram administradas, bem ou mal, por governadores, antigos cônsules ou antigos pretores, mais preocupados em manter a sua posição política na própria Roma do que em trazer o bem estar aos seus administrados. Para alguns, um governo provincial era um mal necessário, uma fase que eles desejavam tão curta quanto possível na sua carreira das honras [ii]. Para outros, uma província não passava

---

[ii] A carreira das honras (*cursus honorum*), isto é, sucessão de cargos públicos. Com a *Lex Villia Annalis* o acesso à magistratura passou a obedecer a determinações estritas. Constituiu-se uma verdadeira *carreira*, em que a progressão se fazia por graus (podemos estabelecer um paralelismo com as actuais carreiras académica e militar), de um determinado cargo (ou *honos* «honra») para outro. Assim o *cursus* senatorial republicano (cujo cume é a

de um território de caça onde adquirir muito rapidamente o pecúlio necessário para pagar as suas dívidas e comprar os seus eleitores. Os governadores honestos (porque os havia) não permaneciam o tempo suficiente no cargo para adquirir a experiência necessária e as suas boas intenções ficavam, as mais das vezes, sem efeito. Para os «cavaleiros», quer dizer, os Romanos ricos que, ou não tinham querido disputar uma magistratura ou não possuíam a fortuna necessária para ingressar no Senado, as províncias proporcionavam um vasto campo onde exercer actividades lucrativas. Muitos faziam-se «publicanos», isto é, cobradores de impostos, o que lhes deixava geralmente substanciais proveitos.

Augusto, na continuação da política de César, esforçou-se por transformar este sistema de administração, que não passava afinal de uma exploração das populações conquistadas. As sociedades de publicanos, fortemente enfraquecidas pelas exigências de Pompeio – que lhes requereu que fizessem em proveito dele um esforço financeiro considerável –, viram ser-lhes retirados os «dízimos» da província da Ásia, o seu melhor recurso. Não lhes

---

ascensão ao Senado) começava com dez anos de serviço, a seguir aos quais se exerciam, sucessivamente, em mandatos anuais, a questura, a edilidade, a pretura e o consulado. Era obrigatório guardar dois anos de intervalo entre duas magistraturas. Com estas regras, era impossível ascender ao consulado antes dos 41 anos de idade. A partir daqui o cidadão estava apto a ingressar no Senado e podia, inclusivamente, concorrer a outros mandatos em qualquer das magistraturas ou ser enviado como procônsul para um governo provincial. No Império o esquema alterou-se: a carreira iniciava-se com uma das magistraturas do viginivirato (na verdade não eram vinte os seus titulares, mas dezanove: dez que julgavam as contestações relativas ao estado civil dos cidadãos, três que presidiam às execuções das penas capitais, outros três responsáveis pela cunhagem de moeda e três outros pela manutenção das ruas de Roma), aos 17 anos de idade, a que se seguiam um comando militar subalterno (tribunato militar ou chefia de coorte), a questura aos 25 anos, a edilidade, a pretura e o consulado, este último aos 33 anos (pelo menos) (*N. do T.*).

eram deixados muito mais do que os impostos indirectos, que davam lucros menores. Ao mesmo tempo, o príncipe reorganizou a ordem dos cavaleiros. Na origem, esta ordem compreendia o escol dos cidadãos, aqueles que eram suficientemente ricos para prover à manutenção de um cavalo(iii). Pouco a pouco, o termo não se tinha tornado mais do que uma designação cómoda para dissimular «a segunda classe» da cidade, uma espécie de aristocracia endinheirada, sem qualquer dos privilégios políticos da verdadeira nobreza, que continuava a ser a dos Senadores. Augusto insistiu em lhes restituir o seu carácter militar. Todos os anos, a 15 de Julho, ele passava em Roma uma espécie de revista, durante a qual cada cavaleiro se apresentava com o seu cavalo. Mas, depois da idade de trinta e cinco anos, o cavaleiro podia renunciar ao seu papel militar e ficava disponível para funções públicas. Constituiu-se assim uma classe de administradores, da qual Augusto largamente aproveitou. Confiou-lhes designadamente a gestão dos seus próprios interesses financeiros, nos seus domínios e também nas províncias. Deste modo os cavaleiros substituíram, como funcionários assalariados, as antigas sociedades de cobradores de todos os impostos directos (o *tributum soli,* imposto colectado nas províncias aos rendeiros de terras pertencentes ao domínio público; o *tributum capitis,* imposto pessoal, colectado também nas províncias às pessoas cujos meios de subsistência não proviessem da terra; tradicionalmente, a Itália estava isenta de qualquer imposto directo). Pouco a pouco, acabou por se constituir uma verdadeira «carreira equestre», com as suas graduações e promoções. No cume, encontrava-se a «prefeitura do Egipto» (o *praefectus Aegypti* mais não era do que o «administrador» do país por ordem do Imperador), a «prefeitura da Anona» (que tinha, depois de 6 d.C., o encargo de assegurar o abastecimento de Roma), a «prefeitura das Vigílias» (direcção dos serviços de polícia e de protecção

---

(iii) Ver nota 3, capítulo 1 (*N. do T.*).

contra incêndios, em Roma – desde 6 d.C.), e as diversas «procuradorias» (governo de certas províncias a nível de categoria equestre e direcção de grandes serviços financeiros provinciais). Prefeitos e procuradores podiam manter-se longo tempo no cargo e adquirir toda a experiência desejável. Os procuradores nomeados por Augusto, em geral, permaneceram em funções no tempo de Tibério. Os cavaleiros que preferissem manter uma actividade privada empreendiam operações comerciais (agrupavam-se frequentemente em associações) ou fundavam mesmo verdadeiras indústrias. Augusto libertara assim toda uma classe média, que rapidamente contribuiu de forma muito eficaz para a prosperidade geral.

A aristocracia tradicional havia sido fortemente posta à prova pelas guerras civis. Porém, já César se tinha preocupado em tornar a guarnecer as fileiras do Senado. Havia-o feito incorporando nelas provinciais. Augusto continuou a mesma política, mostrando-se mais respeitador das tradições romanas. A duração do seu reinado e a sua habilidade permitiram-lhe congregar os sobreviventes das antigas famílias, ao ponto de o Senado se tornar pouco a pouco naquilo que era no fim da República: uma classe dirigente onde se recrutavam os governadores. Mas estes já não sentiam por trás de si uma plebe turbulenta nem as intrigas das facções rivais. Além disso, a voz dos provinciais era mais escutada do que antes. Cada província possuía o seu «conselho», formado de delegados eleitos pelas cidades, que se reunia periodicamente em volta da ara federal a Roma e a Augusto; se houvesse razões de queixa do governador, o conselho não hesitava e apresentava perante o imperador uma queixa por prevaricação ou abuso de poder. O processo era instruído pelo Senado, sob a supervisão do príncipe, e toda a queixa reconhecida como fundamentada destruía a carreira do culpado. O que incitava os procônsules à maior prudência.

Todas estas reformas (e os éditos de Cirene, reencontrados há umas dezenas de anos, provam que a solicitude imperial se exercia mesmo sobre as províncias cuja administração tinha, em teoria, sido confiada ao próprio Senado) tiveram como resultado aliviar a condição dos súbditos. A prosperidade geral aumentou; por toda a parte se assiste ao espantoso progresso da indústria e do comércio. As novas estradas (muitas, em princípio, davam resposta a preocupações estratégicas) servem o desenvolvimento das comunicações. Os mercadores «italianos» penetram em toda a parte, precedendo as legiões. Eles haviam franqueado o Danúbio muito antes dos generais de Augusto. Encontramo-los em todos os postos avançados do Império, na Bactriana, em Adem, na rota da Índia e na da China. Era talvez sobretudo neles que havia pensado Augusto ao lançar a expedição de Élio Galo através do Mar Vermelho e ao estabelecer relações amistosas com o reino árabe de Petra. A Itália ocupa, naturalmente, um lugar privilegiado na economia do Império, mas o príncipe não exerce qualquer acção directa para a proteger. As taxas aduaneiras (*portoria),* colectadas nas províncias, não passam de simples portagens, de modo algum são direitos «proteccionistas». Sem dúvida que, de longe em longe, se faziam esforços para limitar a produção provincial de azeite ou de vinho, de modo a conservar determinados mercados nas mãos dos grandes produtores italianos (sobretudo os senadores detentores de propriedades na Campânia), mas trata-se de excepções. Ninguém pensa em interditar, em Lezoux ou La Graufesenque, a indústria gaulesa de cerâmica em relevo imitando a cerâmica italiana de Arécio. Os tecidos leves de linho, algodão ou seda, fabricados no Egipto ou na Síria, penetram livremente em toda a parte. Sucede o mesmo com a vidraria egípcia ou síria, os bronzes de Delos, o papel proveniente dos papiros do Nilo, as capas com capuzes, as telas de cânhamo, os acolchoados de penas fabricados na Gália. Na Síria bebe-se o vinho campaniano e em Roma o vinho do Delta. Parece realmente que o volume total das trocas comerciais teria, em alguns anos, conhecido um crescimento considerável, levando a um abaixamento geral dos preços e a uma subida do nível geral de vida. Plínio faz-nos saber (com alguma indignação) que a mais humilde rapariga do campo possui, no seu tempo (por volta do fim do reinado de Augusto, ou no tempo de Tibério), um espelho de prata. A riqueza já não é o privilégio exclusivo dos conquistadores. Os súbditos têm nela a sua participação. Não tinha chegado a Idade de Ouro predita por Virgílio? Nestas condições, como não haveria de nascer um sentimento muito real de reconhecimento para com aquele que, em tão escassos anos, rechaçou para sempre a angústia do amanhã, a insegurança, a fome, a guerra, e proporcionou a alegria de viver? Esta gratidão é inseparável de um outro sentimento, que se deve mesmo designar como um «patriotismo imperial»: o orgulho de pertencer a um Império forte e próspero. Pouco a pouco apaga-se o rancor dos súbditos. O imperador já não é o comandante de um exército ou de uma nação conquistadora, mas o Pai, em breve o deus, a quem tudo se deve; e vê-se nascer, inicialmente no Oriente grego (onde constituía uma tradição já antiga «divinizar» os senhores do momento), como também no Ocidente, um culto a Roma e a Augusto, em que se encontram ligadas as duas potências pacificadoras do Universo.

Tornar-se-ia demasiado extenso estudar como nasceu e se desenvolveu o culto imperial. Dissemos como ele proviera, na Itália e na própria Roma, do reconhecimento espontâneo do povo. O culto do *genius* foi progressivamente utilizado por Augusto, a quem repugnava visivelmente deixar-se divinizar enquanto vivo (porém, o *genius* é o elemento divino de todos os mortais); a partir de 12 a.C., permitiu inserir a menção do seu «génio» nos juramentos oficiais, entre Júpiter Óptimo Máximo (o deus soberano da religião do Estado) e o nome dos deuses Lares. Por volta da mesma altura organiza-se, em cada bairro, uma religião deste «génio», implantada na dos «Lares das encruzilhadas» (*Lares compitales)* que existia entre a arraia miúda na época republicana. Cada um dos duzentos e sessenta a cinco bairros da Cidade (os *uici)* designava um «presidente» (*magister),* geralmente um liberto, para dirigir a celebração deste culto. Deste modo, mesmo os mais ínfimos entre os habitantes de Roma tomavam parte no reconhecimento a César.

Pela mesma altura, as cidades provinciais viam formar-se associações de devotos de Augusto (os colégios dos Augustais), com o seu *flâmine,* isto é, o seu sacerdote. O aniversário do príncipe era considerado um dia de festa, em que se ofereciam sacrifícios. E dissemos que em 12 a.C. foi fundada a grande ara de Lião. Na colónia cesarista de Cartago ergueu-se uma ara semelhante, votada toda ela à *gens Augusta.* À medida que se caminha em direcção ao Oriente, as honras tornam-se maiores. Cidades há que recebem o nome de Augusto (*Augusta* no Ocidente, *Sebaste* no Oriente) ou de *Cesarea*([iv]) e todos os dias o rei Herodes celebra um sacrifício solene em favor do príncipe no templo de Jerusalém. É difícil atribuir à adulação ou ao respeito todas estas manifestações, verdadeiramente unânimes. Augusto não conseguiu apenas unir os territórios do Império, deu a todas as províncias o sentimento e a fé que em vão teriam sido procurados no tempo da República – talvez porque os próprios conquistadores não os sentissem –, a firme convicção de que Roma recebera uma missão providencial e de que, pouco a pouco, todas as nações que compunham o seu Império formavam uma única Cidade.

([iv]) No que ao território da Península Ibérica diz respeito, destaquem-se as cidades de *Bracara Augusta* (actual Braga), *Emerita Augusta* (capital da Lusitânia, actual Mérida, na região da Extremadura, em Espanha), *Augustobriga* (cidade junto ao Tejo, na Extremadura espanhola), *Caesaraugusta* (actual Saragoça, na região de Aragão), *Lucus Augusti* (actual Lugo, na Galiza) Outras cidades haviam sido anteriormente dedicadas à memória de Júlio César, recebendo o título de *Iulia;* são exemplos destas: *Felicitas Iulia (Olisipo,* actual Lisboa) ou *Pax Iulia* (actual Beja) (*N. do T.*).

Bibliografia

ANDERSON, J. G. C., MOMIGLIANO, A., SYME, R. *et alii,* in *Cambridge ancient History,* vol. X (*The Augustan Empire),* Cambridge, 1934.

ANDRÉ, Jacques, *La vie et l'œuvre d'Asinius Pollion,* Paris, 1949.

ANDRÉ, Jean-Marie, *Le siècle d'Auguste,* Paris, 1974.

ANDREAE, B., *L'art de l'ancienne Rome,* Paris, Mazenod, 1973.

BÉRANGER, J., *Recherches sur l'aspect idéologique du principat,* Basileia, 1953.

——, *Principatus,* Genebra, 1973.

CARCOPINO, J., *Virgile et le mystère de IVe Eglogue,* ed. revista e aumentada, Paris, 1943.

CIZEK, E., *Mentalités et institutions politiques romaines,* Paris, 1990.

COARELLI, F., *Guida archeologica di Roma,* Bari, 2ª ed., 1980.

ETIENNE, R., *Le siècle d'Auguste*, Paris, 1970.

GAGÉ, J., *Res Gestae Diui Augusti,* edição e comentário, Paris, 1935.

GRENADE, P., *Essai sur les origines du principat,* Paris, 1961.

GRIMAL, P., *Horace,* Paris, 1958.

— *Virgile,* Paris, 1984.

GROS, Pierre, *Aurea Templa. Recherches sur l'architecture religieuse de Rome à l'époque d'Auguste,* Roma, 1976.

JEANMAIRE, «La politique religieuse d'Antoine et de Cléopâtre», *Révue archéologique,* 1924, I, pp. 241-261.

LEVI, M. A., *Il tempo di Augusto,* Florença, 1951.

MAGDELAIN, A., *Auctoritas Principis,* Paris, 1947.

PARIBENI, P., t. V da *Storia di Roma,* Bolonha, 1950.

REITZENSTEIN, R., «Zu Cicero de Re Publica», *Hermes* 69 (1924), pp. 356 e segs.

RODDAZ, J. M., *Marcus Agrippa*, Roma, 1984.

ROSTOVTSEFF, M., *The social and economic History of the roman Empire*, Oxford, 1926.

STRONG, E., *La scultura romana da Augusto a Constantino*, 2 vols., Florença, 1923.

SYME, R., *The Roman Revolution*, Oxford, 1939.

TAYLOR, L. R., *The divinity of the roman emperor*, Am. Phil. Assoc., Phil. Monographs, I. Middletown (Conn.), 1931.

WAGENVOORT, H., «Princeps», *Philologus* 91 (1936), pp. 206 e segs. e p. 323 e segs.

Índice

Nota introdutória à edição portuguesa... 7

QUADRO GENEOLÓGICO: A família de Augusto......................... 13

INTRODUÇÃO.. 15

CAPÍTULO I – Os Anos Preliminares e a Conquista dos Espíritos 21

CAPÍTULO II – O Principado Augustano................................... 49

CAPÍTULO III – A Literatura Augustana.................................. 65

CAPÍTULO IV – A Arte da Época Augustana............................ 97

CAPÍTULO V – A Paz Augustana 111

MAPA: O Império no Tempo de Augusto................................. 121

BIBLIOGRAFIA 109

LUGAR DA HISTÓRIA

1. *A Nova História*, Jacques Le Goff, Le Roy Ladurie, Georges Duby e outros
2. *Para uma História Antropológica*, W. G. I., Randles, Nathan Watchel e outros
3. *A Concepção Marxista da História*, Helmut Fleischer
4. *Senhorio e Feudalidade na Idade Média*, Guy Fourquin
5. *Explicar o Fascismo*, Renzo de Felice
6. *A Sociedade Feudal*, Marc Bloch
7. *O Fim do Mundo Antigo e o Princípio da Idade Média*, Ferdinand Lot
8. *O Ano Mil*, Georges Duby
9. *Zapata e a Revolução Mexicana*, John Womack Jr.
10. *História do Cristianismo*, Ambrogio Donini
11. *A Igreja e a Expansão Ibérica*, C. R. Boxer
12. *História Económica do Ocidente Medieval*, Guy Fourquin
13. *Guia de História Universal*, Jacques Herman
15. *Introdução à Arqueologia*, Carl-Axel Moberg
16. *A Decadência do Império da Pimenta*, de A. R. Disney
17. *O Feudalismo, Um Horizonte Teórico*, Alain Guerreau
18. *A Índia Portuguesa em Meados do Século XVII*, C. R. Boxer
19. *Reflexões Sobre a História*, Jacques Le Goff
20. *Como se Escreve a História*, Paul Veyne
21. *História Económica da Europa Pré-Industrial*, Carlo Cipolla
22. *Montaillou, Cátaros e Católicos numa Aldeia Occitana (1294-1324)*, E. Le Roy Ladurie
23. *Os Gregos Antigos*, M. I. Finley
24. *O Maravilhoso e o Quotidiano no Ocidente Medieval*, Jacques Le Goff
25. *As Instituições Gregas*, Claude Mossé
26. *A Reforma na Idade Média*, Brenda Bolton
27. *Economia e Sociedade na Grécia Antiga*, Michel Austin e Pierre Vidal Naquet
28. *O Teatro Antigo*, Pierre Grimal
29. *A Revolução Industrial na Europa do Século XIX*, Tom Kemp
30. *O Mundo Helenístico*, Pierre Lévêque
31. *Acreditaram os Gregos nos seus Mitos?* Paul Veyne
32. *Economia Rural e Vida no Campo no Ocidente Medieval (Vol. I)*, Georges Duby
33. *Outono da Idade média e Primavera dos Novos Tempos?* Philippe Wolff
34. *A Civilização Romana*, de Pierre Grimal
35. *Economia Rural e Vida no Campo no Ocidente Medieval (Vol. I)*, Georges Duby
36. *Pensar a Revolução Francesa*, François Furet
37. *A Grécia Arcaica de Homero a Ésquilo (Séculos VIII-VI a.C.)*, Claude Mossé
38. *Ensaios de Ego-História*, Pierre Nora, Maurice Agulhon, Pierre Chaunu, Georges Duby, Raoul Girardet, Jacques Le Goff, Michelle Perrot, René Remond
39. *Aspectos da Antiguidade*, Moses I. Finley
40. *A Cristandade no Ocidente 1400-1700*, John Bossy
41. *As Primeiras Civilizações – I. Os Impérios do Bronze*, Pierre Lévêque
42. *As Primeiras Civilizações – II. A Mesopotâmia / / Os Hititas*, Pierre Lévêque
43. *As Primeiras Civilizações – III. Os Indo-Europeus e os Semitas*, Pierre Lévêque
44. *O Fruto Proibido*, Marcel Bernos, Charles de la Roncière, Jean Guyon, Philipe Lécrivain
45. *AS Máquinas do Tempo*, Carlo M. Cipolla
46. *História da Primeira Guerra Mundial 1914--1918*, Marc Ferro
48. *A Sociedade Romana*, Paul Veyne
49. *O Tempo das Reformas (1250-1550) – Vol. I*, Pierre Chaunu
50. *O Tempo das Reformas (1250-1550) – Vol. II*, Pierre Chaunu
51. *Introdução ao Estudo da História Económica*, Carlo M. Cipolla
52. *Política no Mundo Antigo*, M. I. Finley
53. *O Século de Augusto*, Pierre Grimal
54. *O Cidadão na Grécia Antiga*, Claude Mossé
55. *O Império Romano*, Pierre Grimal
56. *A Tragédia Grega*, Jacqueline de Romilly
57. *História e Memória – Vol. I*, Jacques Le Goff
58. *História e Memória – Vol. II*, Jacques Le Goff
59. *Homero*, Jacqueline de Romilly
60. *A Igreja no Ocidente*, Mireille Baumgartner
61. *AS Cidades Romanas*, Pierre Grimal
62. *A Civilização Grega*, François Chamoux
63. *A Civilização do Renascimento*, Jean Delumeau
64. *A Grécia Antiga*, José Ribeiro Ferreira
65. *A Descoberta de África*, organizado por Catherine Coquery-Vidrovitch

LUGAR DA HISTÓRIA

66. *No Princípio Eram os Deuses*, Jean Bottéro
67. *História da Igreja Católica*, J. Derek Holmes, Bernard W. Bickers
68. *A Bíblia*, organizado por Françoise Briquel--Chatonnet
69. *Recriar África*, James Sweet
70. *Conquista. Destruição dos Índios Americanos*, Massimo Livi Bacci
71. *A Revolução Francesa, 1789-1799*, Michel Vovelle
72. *História do Anarquismo*, Jean Préposiet
73. *Bizâncio. O Império da Nova Roma*, Cyril Mango

Nesta Colecção

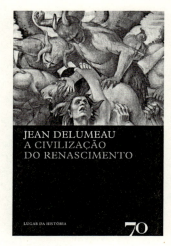

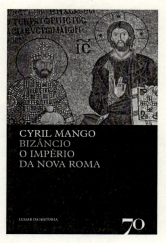

*A Civilização
do Renascimento*
Jean Delumeau
528 pp. • 29,00 €

Ao contrário do que alguma historiografia tende a fazer crer, e da opinião comummente aceite, não houve um corte radical entre a Idade Média e o Renascimento. A frescura, o dinamismo e a vontade de renovação de que este último período deu mostras não podem ser contrapostos ao mundo medieval. Isto não invalida, contudo, que se reconheça que em algumas cidades do território italiano – pelos seus humanistas, pelos seus artistas, mercadores, engenheiros – tenham surgido as primeiras manifestações do Renascimento europeu.
Aceitando o termo consagrado pelo uso, Jean Delumeau apresenta-nos uma obra essencial para se perceber os contornos de um movimento cultural, económico e social, que moldou a Europa.

*Bizâncio
O Império da Nova Roma*
Cyril Mango
378 pp. • 24,00 €

Considerada pelo seu fundador, Constantino, o império da Nova Roma, a civilização bizantina deixou-nos um magnífico legado artístico, arquitectónico e literário. Escrita por um dos seus maiores especialistas, esta obra cobre todos os aspectos fundamentais da cultura e modo de vida bizantinos – os povos que integraram o império, as línguas, a sociedade, a economia e as trocas comerciais, o monaquismo e a educação.